*Wilhelm Pfändler*

# Die Vergnügungen der Angelsachsen

Wilhelm Pfändler

**Die Vergnügungen der Angelsachsen**

ISBN/EAN: 9783955641597

Auflage: 1

Erscheinungsjahr: 2013

Erscheinungsort: Bremen, Deutschland

@ EHV-History in Access Verlag GmbH, Fahrenheitstr. 1, 28359 Bremen. Alle Rechte beim Verlag und bei den jeweiligen Lizenzgebern.

# DIE
# VERGNÜGUNGEN DER ANGELSACHSEN

WILHELM PFÄNDLER

HALLE a. S.
DRUCK VON EHRHARDT KARRAS
1906

### Einleitung.

Die vorliegende arbeit kann nicht den anspruch erheben, die einzelnen zweige von spiel und unterhaltung mit annähernder vollständigkeit darzustellen. Ein vergleich mit den spielen der Griechen und Römer ergibt zum beispiel, dafs wir von der betätigung der angelsächsischen jugend verhältnismäfsig wenig wissen. Der grund hierfür liegt in der natur der in betracht kommenden quellen: Wir sind fast ausschliefslich auf die chroniken und die epen angewiesen. Weder den historiker, noch den epischen dichter jener zeit konnte die jugend stark interessieren. Der erstere sah seine aufgabe nicht so sehr in einer darstellung der kulturellen zustände, als in einer aufzählung geschichtlicher tatsachen; der letztere suchte seine stoffe in der heldensage; er sang vom glanz und der freigebigkeit grofser könige, von übermenschlichen leistungen sagenhafter helden, vom festlichen lärm der methalle.

Schon im letzten viertel des 18. jahrhunderts machte Joseph Strutt mit seinen drei werken: 'Sports and Pastimes of the People of England', 'Manners and Customs of the People of England' und 'Dresses and Habits of the English People' den versuch, seinen zeitgenossen die verhältnisse im mittelalterlichen England vor augen zu führen. Strutt war kupferstecher von beruf und kopierte aus den alten manuskripten mit viel geschick, was zum verständnis des textes beitragen konnte. Der boden war gerade damals für eine solche saat fruchtbar; es war die zeit eines Macpherson, eines Chatterton und eines Percy, die zeit der romantik, die eifrig den spuren der altvordern nachging. In jener zeit veröffentlichte auch Sharon

Turner seine 'History of the Anglo-Saxons', in welcher er gewissenhaft, obwohl mit etwas spärlichem material ausgerüstet, auch die kulturzustände vor dem einfall der Normannen berücksichtigt.

Von spätern arbeiten dieser art erwähne ich noch: 'Thomas Wright's Homes of other days', das ebenfalls die angelsächsische zeit zum ausgangspunkt nimmt.

Ich verdanke besonders Strutt und Turner wertvolle wegleitung bei der behandlung meines themas und würde, wenn angängig, reproduktionen von miniaturen, die Strutt in angelsächsischen manuskripten fand, hier gern verwerten. Ich stelle mit Wright die In-door Amusements an den anfang und versuche zuerst ein möglichst vollständiges bild von einem angelsächsischen gelage zu entwerfen.

### A. Gelage und häusliche vergnügungen.

Die angelsächsischen epen bilden eine reiche fundgrube für die kenntnis der feste und gelage der Germanen. Hier verweilt der dichter mit besonderer vorliebe. Kein gegenstand, ausgenommen vielleicht die schlacht, wird mit solcher wärme und anschaulichkeit geschildert; auch die chronisten sehen sich oft veranlafst, die tafelfreuden zu beschreiben. Wie anmutig schildern die wenigen verse, die unter dem titel "Die Ruine" auf uns gekommen sind, den verlorenen fürstenglanz, die zerfallenen burgen, den heereslärm!

> [1]) Wraetlic is þäs wealstán: wyrde gebraecon,
> burgstede burston — brosnað enta geweorc.
> Hrófas sind gehrorene, hreórge torras,
> hringgeat berofen, hrím on líme
> scearde scúrbeorge scorene gedrorene
> äldo undereotene —
> [2]) Beorht waeron burgrǽced, burnsele monige,
> heáh horngestreón, hereswég micel,
> meodoheall monig mondreáma full,
> oþþät þät onwende Wyrd seó swiðe.

---

[1]) Kluge, Ags. Lesebuch, p. 149. Ruine, v. 1 ff.
[2]) Kluge, Ags. Lesebuch, p. 149. Ruine, v. 20 ff.

> Crungon walo wíde, cwóman wóldagas:
> swylt eall fornóm secgróf wera.
> Wurdon hyra wígsteal wéstenstaþolas,
> brosnade burgsteall.

Kunstvoll ist das gemäuer: Die geschicke brachen es; sie zerstörten die mauer der stadt; sie liefsen das riesenwerk zerfallen. Die dächer sind eingestürzt, die morschen türme; das ringtor ist geborsten; reif liegt auf dem mörtel. Die rissigen mauern sind zerhauen und zerfallen, vom alter unterfressen.

Herrlich waren die burggebäude, manche brunnensäle, die hohe zinne des hauses; grofser jubel des heeres herrschte, manche methalle war erfüllt von festjubel, bis das mächtige geschick änderung brachte. Es fielen die leichen weit umher; es kam die zeit der pest. Der tod raffte dahin alle der tapfern mannen. Ihre burgen wurden wüste stätten; es zerfiel das gebäude.

### 1. Der empfang der gäste und besondere festliche veranstaltungen.

Die methalle vereinigt jeden tag, nicht etwa nur bei besonderen anlässen, den landesherrn und die ritter des hofes zum bier- oder weingelage und zu den mahlzeiten. So trifft Beowulf bei seinem besuch Hroþgar in der mitte kühner degen und weiser ratgeber. Sein eintritt in die burg ist indes mit einigen formalitäten verbunden.

Nachdem die seemüden ihre meereshengste verlassen haben und auf gepflasterter strafse zum königsschlofs gelangt sind, tritt ihnen ein gefolgsmann Hroþgars entgegen mit der frage:

> [1]'Hwanon ferigeað gé fätte scyldas,
> graege syrcan ond grim-helmas,
> heresceafta heáp?'
>
> [2] Von woher bringt ihr die kostbaren schilde,
> die grauen brünnen und die helme, wohl
> versehen mit visir, der lanzen haufen?

---

[1] Beowulf, nach Heine, G. aufl. v. 333.
[2] Die deutsche übertragung ist jeweilen der entsprechenden stelle in Heine's übersetzung entnommen.

Beowulf gibt seinen namen, doch was ihn zur reise bewogen, will er nur dem könige selbst anvertrauen.

>¹)'Wé synt Higeláces
beód-geneátas; Beówulf is mín nama.
Wille ic ásecgan suna Healfdenes,
maerum þeódne mín aerende, etc.'
>Hofleute Hygelacs
sind wir, und Beowulf bin ich genannt.
Dem hehren sohne Healfdens will ich selbst
eröffnen mein begehren ...

Der herold verkündet die ankunft der fremdlinge im festlichen saal, wo der greise Hroþgar in der versammlung seiner ritter sitzt:

>²)Hwearf þá hrädlíce, þaer Hróðgár sät
eald ond unhár mid his eorla gedriht;
>Eilig ging er hin,
wo Hrodgar alt und grau von haaren safs
mit seiner edeln schar:

Die einladung, unter das gastliche dach Hroþgars zu treten, wird ihnen sofort zu teil. Einige der helden bleiben jedoch auf Beowulf's befehl zurück, denn noch weifs er ja nicht, ob er seinem wirte trauen darf. Wie er über die schwelle tritt, ruft er:

>³)'Wäs þú Hróþgár hál! Ic eom Higeláces
maeg ond mago-þegn; häbbe ic maerða fela
ongunnen on geogoðe.
>Heil dir, o Hrodgar! Ich bin Hygelacs
dienstmann und neffe. Viel der rumestaten
vollbracht ich schon als jüngling.

Oft trägt das gelage einen besonders festlichen charakter. Dann werden die alten degen und freunde im umkreise besonders zur feier geladen, die methalle wird geschmückt, die wände werden mit kostbaren tüchern behängt und seltene speisen für den anlafs zubereitet. So berichtet der dichter der Judith:

---

¹) Beowulf, nach Heine, 6. aufl. v. 342 ff.
²) ib. v. 356 ff.   ³) ib. v. 407 ff.

¹) Gefrägen ic ðá Hólofernus
winhátan wyrcean georne and eallum wundrum þrymlic
girwan úp swaesendo: tó ðám hét sé gumena baldor
ealle ðá yldestan ðegnas: hie ðät ofstum miclum
raefndon rondwiggende, cómon tó ðám rícan þeódne
féran folces raeswan.

²) Ich erfuhr, wie Olofernus da
hiefs eifrig weingastung würken und mit allen wundern
herrlich
den leuten ein gelage richten: dazu lud der leutefürst
alle seine ältesten degen.

Als Grendel besiegt ist und seine hand auf dem giebel des thinghauses gesehen werden kann, wird der gastsaal besonders für die feier geschmückt.

³) þa wäs háten hreðe Heort innanweard
folmum gefrätwod: fela þaera wäs
wera ond wífa, þé þät wín-reced,
gest-sele gegyredon. Gold-fág scinon
web äfter wágum, wundor-sióna fela
secga gehwylcum, þára þe on swylc starað.
Nun hiefs man schnell das innere der halle
mit händen zieren. Viel der männer wie
der weiber waren, die die mannenhalle,
den gastsaal schmückten. Goldbunt an den wänden
erglänzten die teppiche, den männern die
auf solches sehen, ein wundervoller anblick.

Die geladenen zeichnen sich entweder durch besondere namen als helden, heerführer oder stammesälteste aus, sie heifsen häleðas, eorlas, ceorlas, yldestan þegnas, blaedagende, beodgeneatas cyninges, cempan oder sie werden einfach männer und krieger geheifsen: weras, firas, guman, secgas, wigan; auch schmückende beiwörter, wie brünnen tragende, schildtragende: byrnwiggende, rondhäbbende werden substantivisch verwendet.

---

¹) Kluge, p. 101 Judith v. 7 ff.
²) Grein, Dichtungen der Angelsachsen: bd, I p. 119 v 7 ff.
³) Beowulf v. 992 ff.

Man setzt sich auf die bänke; könig und königin haben ihren platz auf dem hochsitz.

> ¹) Bugon þá tó bence    blaed-ágende,
> Die ruhmesvollen neigten sich zur bank,

Auch den Geaten wird nach dem freundlichen wilikomm des königs sofort eine bank geräumt:

> ²) þá wäs Geát-mäcgum geador ätsomne
> on beór-sele benc gerýmed;
> þáer swíð-ferhðe sittan eódon,
> þrýðum dealle.
> Da war den Gotenleuten zusammen
> im biersaal eine bank geräumt; es schritten
> dahin die kühnen krieger, sich zu setzen.

Eifrig wartet der mundschenk seines amtes und giefst das klare, süfse bier aus der kunstvoll gearbeiteten kanne.

> ³) þegn nytte beheóld,
> sé þe on handa bär hroden ealo-waege
> scencte scír wered.
> Ein degen Hrodgars wartete des amtes,
> die goldgezierte kanne in der hand,
> daraus er ihnen schenkte klaren trunk.

In kannen, krügen und bechern wird das getränk den zechern zwischen die bänke zugetragen.

> ⁴) þaer waeron bollan steápe
> boren äfter bencum gelóme, swylce eác bunan and orcas
> fulle fletsittendum:
> ⁵) Da wurden bauchkrüge hoch
> gebracht zu den bänken sowie becher auch und kelche
> volle zu den flursitzenden:

Die angelsächsischen trinkgefäfse ⁶) waren von verschiedenster form, kugelig, schalenförmig, zuckerhutartig (vielleicht die soeben genannten bollan steápe), ferner wurden auch tierhörner zum trinken verwendet. Sie stimmen alle darin

---

¹) Beowulf v. 1014 ff.    ²) ib. 491 ff.    ³) ib. 494 ff.
⁴) Kluge, p. 104, v. 17 ff.
⁵) Grein, Dichtg. d. Angels. I, p. 119, v. 17 ff.
⁶) cf. Wright: Homes of other days, p. 17.

überein, dafs sie nicht zum stellen berechnet waren. Da sie unten entweder kugelig oder spitz sind, mufsten sie wohl in der hand gehalten oder wie Wright vermutet, auf einen zug geleert worden sein, was bei der unmäfsigkeit jener zeit keineswegs unmöglich scheint.

## 2. Die rolle der gastgeberin.

Beim trinkgelage kommt vor allem der herrin des hauses, sei sie königin, edelfrau oder blofs gattin eines freien, die aufgabe zu, den geladenen den becher zu reichen und ihnen freundlichen willkomm zu entbieten. Zuerst reicht sie den becher ihrem gatten und herrn, dann folgen die übrigen ihrem range nach. So verlangen die denksprüche der Exeterhandschrift ausdrücklich:

[1] Gúð sceal in eorle
wíg geweaxan and wíf geþeón,
leóf mid hyre leódum, leóhtmód wesan
rúne healdan, rúmheort beón
mearum and máðmum, meodoraedenne
for gesíðmägen simle aeghwaer
eodor äðelinga aerest gegrétan,
forman fulle tó freán hond
ricene geraecan and him raed witan
boldágendum baem ätsomne.

[2] Kampf soll im manne
krieg heranwachsen und das weib gedeihen,
geliebt bei den leuten, linden mutes sein,
geheimnis halten, mildes herz erweisen,
schatz und rosse schenken beim metgelage,
vor dem gefolge stets den fürsten
der edelinge schirm zuerst begrüfsen,
den ersten hochkelch soll sie dem herrscher
schleunig reichen; rat ersinnen
sollen des hauses herren zusammen.

Der sänger des Beowulf erzählt uns bis ins einzelne, wie Wealhþeow, die gattin Hroðgar's ihre pflichten würdig und mit freundlichen worten erfüllt.

---

[1] Grein, Bibl. d. ags. Poesie II, p. 312, v. 84 ff.
[2] Nach Ten Brinks Literaturgesch. Bd. I 1, 76

[1]) Eóde Wealhþeów forð,
cwén Hróðgáres, cynna gemyndig;
grétte gold-hroden guman on healle,
ond þá freólíc wíf ful gesealde
aerest Eást-Dena éðel-wearde,
bäd hine blíðne ät þaere beór-þege
leódum leófne; hé on lust geþeah
symbel ond sele-ful, sige-róf kyning.
Ymb-eóde þá ides Helminga
duguðe ond geogoðe dael aeghwylcne,
sinc-fato sealde, oð þät sael álamp
þät hió Beówulfe, beág-hroden cwén,
móde geþungen, medo-ful ätbär;
grétte Geáta leód, gode þancode
wísfäst wordum, þäs þe hire se willa gelamp,
þät heó on aenigne eorl gelýfde
fyrena frofre.

Hrodgars gattin,
die goldgezierte Walchtheow, sie ging
umher und, auf die treue der geschlechter
bedacht, begrüſste sie die halle der männer.
Die hehre frau sie reichte da zuerst
der Dänen schutzherrn einen vollen becher
und bat ihn, froh zu sein beim trunk des biers
zur freude seinen leuten. Heiter nahm
der siegberühmte könig mahl und becher.
Zu jedem helden hoch und niedrig ging dann
der Dänen königin, verteilte schätze,
bis es sich fügte, daſs die ringgeschmückte,
die würdevolle frau des metes becher
dem Beowulf zutrug: sie grüſste da
den fürsten und, der weisen rede mächtig,
gab dank sie gott, daſs ihr die freude ward,
von einem helden trost der frevel hoffen
zu dürfen.

Beowulf gelobt ihr, er werde eher tot auf dem platze
bleiben, als daſs er das vertrauen der königin nicht recht-

---

[1]) Beowulf v. 613 ff.

fertige. Dann nimmt Wealhþeow ihren platz zur seite des königs ein:

¹) Þám wife þá word wel licodon,
gilp-cwide Geátes; eode gold-hroden
freólicu folc-cwén to hire freán sittan.
Der königin gefielen wohl die worte,
des Goten kampferbietung; und sie ging
die goldgezierte, hehre volkesfrau,
beim eheherrn zu sitzen.

Aber nicht nur die gattin, sondern auch die tochter ist um den ruf des hauses besorgt und wartet der gäste. So erzählt Beowulf, als er wieder im land der Geaten und in der halle Hygelac's ist, wie Hereware, die tochter Hroðgar's, die kämpen mit bier erfrischt habe.

²) Hwílum for duguðe dohtor Hróðgáres
eorlum on ende ealu-waege bär;

---

¹) Beowulf, v. 640 ff. Ganz gleich ist die situation, nachdem Beowulf das ungetüm Grendel besiegt hat und in Heorot als befreier des landes gefeiert wird.

V. 1163.    þá cwóm Wealhþeó forð
gán under gyldnum beáge, þaer þá gódan twégen
saeton suhter-gefäderan; þa gyt wäs hiera sib ätgädere.
aeghwylc óðrum trýwe.
Da ging mit goldnem diadem geschmückt,
die königin dahin, wo Hrodgar safs
mit seinem neffen Hrodulf; frieden noch
und treue wahrten sie einander.

Dann spricht sie zum könig gewendet:

V. 1170.    Spräc þá ides Scyldinga:
Onfóh þissum fulle, freó-dryhten min,
sinces brytta; þú on saelum wes.
gold-wine gumena, ond to Geátum spræc
mildum wordum!
Nimm diesen becher an, mein herr und könig,
des schatzes spender! Heil dir, milder furst!
In milden worten rede zu den Goten!

²) Beowulf v. 2021 ff. Ein interessantes seitenstuck zu diesem citat gibt uns ein französischer versroman aus dem XIII jahrh., Sone de Nansai. Der held des romans gelangt auf einer wanderung nach Norwegen und ist nicht wenig erstaunt über die trunkenheit bei hofe; sein erstaunen wächst aber noch mehr, als die königstochter mit einem humpen vor den gasten nieder

> þa ic Freáware fletsittende
> nemnan hýrde, þaer hió nägled sinc
> häleðum sealde:

> Dann auch vor die edeln krieger,
> die herren an der spitze, trug den becher
> zuweilen Hrodgar's tochter, die im saale
> ich Freaware nennen hörte, als sie
> den helden lichte schätze spendete.

### 3. Die beschenkung der geladenen.

Dem gastgeber jeden standes, besonders aber dem vornehmen, kommt, wie schon die vorigen citate gezeigt haben, die pflicht zu, gaben zu spenden. Der könig wird geradezu spender des schatzes, verteiler der ringe geheifsen, sinces brytta, beaga brytta, sei es, dafs er die helden für bestimmte dienstleistungen belohnt, wie Beowulf, nachdem dieser Grendel und Grendels mutter besiegt hat, sei es, dafs er seinen vasallen ein zeichen seines wohlwollens geben will. Überall hat die höfische dichtung die freigebigkeit zur kardinaltugend der edlen erhoben, wohl nirgends aber in dem mafsstabe, wie bei den Angelsachsen, wo freigebig und adelig geradezu synonyma geworden sind.

Sehen wir zu, worin die belohnung Beowulfs bestand:

> [1]) Forgeaf þá Beówulfe bearn Healfdenes
> segen gyldenne sigores tó leáne,
> hroden hilte-cumbor, helm ond byrnan;
> maere máððum-sweord manige gesáwon
> beforan beorn beran.

> Da gab der sohn des Healfden Beowulf
> zum lohne seines sieges ein golden Banner
> mit goldgeschmücktem griff nebst helm und brünne;
> auch sah da mancher mann ein kostbar schwert
> hintragen vor den helden.

---

kniet und sie auffordert, denselben zu leeren. Der französische ritter, der andere begriffe von höfischen sitten hat, will nicht trinken, ehe sich die dame erhebt, doch bedeutet man ihm, die etiquette verlange das hier zu lande. Cf. Ch. Langlois: La société française au XIIIe siècle p. 285.

[1]) Beowulf v. 1021 ff.

Auch die begleiter Beowulfs werden nicht vergessen:

¹) Þá gyt aeghwylcum eorla drihten
þára þe mid Beówulfe brim-láde teah
on þaere medu-bence máððum gesealde,
yrfe-láfe ...

Darauf noch gab der herr der helden jedem
von denen, die mit Beowulf den seeweg
gezogen waren, beim gelag ein kleinod,
ein altererbtes schwert ...

Aber es bedurfte, wie gesagt, keiner besonderen veranlassung zur beschenkung der krieger. Die bereits erwähnten stellen aus Beowulf v. 621 ff. und 2021 ff. beweisen, dafs solche gunstbezeugungen überhaupt bei festlichen anlässen vorkamen. Geschenke an waffen werden in der dichtung am meisten erwähnt. Der grund hierfür ist leicht einzusehen. Wir lesen in den ältesten gesetzen, dafs beim tode eines kriegers seine waffen und rüstungen, oder wenigstens ein teil derselben wieder an den landesherrn zurückgehen mufste, also in vielen fällen nicht persönlicher besitz, sondern nur lehen waren. Ferner taten die zahlreichen kämpfe der kriegerischen Germanen das ihrige, den königlichen hort mit panzern, helmen und waffen zu füllen; die kriegsbeute ging nämlich direkt an den könig über.

### 4. Die sänger, ihre soziale stellung und ihre stoffe.

Soviel vernehmen wir aus der dichtung über die präliminarien eines gelages. Welchen fortgang nahm nun die unterhaltung? Wir brauchen in den epen nicht lange darnach zu suchen; der dichter vergifst nicht, sich in den mittelpunkt der festlichkeiten zu stellen. Kaum ist den regeln von sitte und anstand genüge geleistet, so erhebt sich auch der sänger, der Scop, und berichtet den kämpen von den prächtigen heldengestalten der alten Germanen. In früherer zeit trägt er wohl meist nationale, spezifisch germanische stoffe vor, später mit dem fortschreiten der christlichen lehre kommen mehr und mehr auch alttestamentliche stoffe und heiligenlegenden dazu. Der sänger ist entweder beständig am gleichen

---

¹) Beowulf v. 1051 ff.

hofe, er ist cyninges scop, wie derjenige Hroðgars, oder er wandert von einem stamm zum andern, um an fürstlichen tafeln ehre und belohnung zu holen, wie Widsiþ. Bleiben wir vorerst bei Beowulf. Als sich der tapfere Waegmunding mit seinen helden in Heorot niedergelassen hat, ertönt von zeit zu zeit der gesang des spielmanns:

[1]) Scop hwílum sang
hádor on Heorote; þaer wäs häleða dreám,
duguð unlýtel Dena ond Wedera.
Dabei sang auch der sänger in der halle
sein lied, und fröhlich heldentreiben herrschte
der edeln schar der Dänen und der Goten.

Mehr erfahren wir diesmal nicht über ihn. Ausführlicher wird seine funktion beschrieben bei dem gelage, das die befreiung des landes von Grendel feiert. Der sänger begleitet sein lied mit der harfe und singt von dem geschicke der söhne des Finn.

[2]) Þaer wäs sang ond swég samod ätgädere
fore Healfdenes hilde-wísan,
gomen-wudu gréted, gid oft wrecen,
þonne heal-gamen Hródgáres scop
äfter medo-bence maenan scolde
Finnes eaferum fram, þá híe se faer begeat:
Da war beisammen sang und lauter jubel
vor Halfdens feldherrn und oft erklang
die harfe zu dem liede von Finnes söhnen,
als sie der überfall betraf.
Der sänger des königs würzte so des schmauses freude.

Aber auch der fahrende sänger ist wohlgelitten und wird oft reich beschenkt an den höfen. Widsiþ, der weitfahrer, rühmt sich, den gröfsten teil der damals bekannten welt gesehen und von manchem vornehmen eine ritterliche gabe empfangen zu haben.

[3]) Swá ic geóndférde fela fremdra londa
geónd ginne grund; gódes and yfles
þaer ic cunnade cnósle bidáeled,
freómáegum feor, folgade wíde.

---

[1]) Beowulf v. 496 ff.  [2]) ib. v. 1064 ff.
[3]) Kluge, Lesebuch p. 25, v. 50 ff.

Forþon ic mäg singan and secgan spell,
máenan fore mengo in meoduhealle,
hú mé cynegóde cystum dohten.
Ic waes mid Húnum and mid Hréð-Gotum
mit Sweóm and mid Geátum and mid Súð-Denum.
Mid Wenlum ic waes and mid Waernum and mid Wicingum.
Mid Gefþum ic waes and mid Winedum and mid Gefflégum.

¹) So fuhr ich über viele fremde länder;
über den grofsen grund; gutes und böses
ward kund mir da, meinem Künn entführet,
den freundmagen fern' folget ich weithin:
drum kann ich singen und sagen die mähre,
melden von der menge in der methalle,
wie mir die edelinge ehre erzeigten.
Ich war bei den Hunen und bei den Hredhgoten
bei den Sween und bei den Geaten und bei den Süddänen;
bei den Wenlen ich war und den Wärnen und bei den Wikingen
bei den Gefthen ich war und den Wineden und bei den Gefflegen
etc.

Von was sangen die Scopen? Das letzte citat aus Beowulf hat uns schon mit einer kategorie von vorträgen bekannt gemacht. Hroðgar's sänger berichtet von dem unglück der nachkommen Finn's; also ein echt germanischer stoff. Die sympathie des dichters ist ganz mit der unglücklichen Hildeburg. Ihre vermählung mit Finn hat nicht genügt, der feindschaft zwischen den Dänen und Friesen ein ende zu machen. Die Dänen greifen an, Finn's anhänger werden im kampfe bis auf eine kleine zahl niedergemacht, aber auch Hnäf, vermutlich Hildeburgs bruder,²) wird in der belagerung von Finnsburg (die ohne zweifel hier eingeschoben werden mufs) getötet. Auf den scheiterhaufen legt nun 'das gramvolle weib' seinen bruder und seine eigenen söhne, die im kampfe wider den bruder gefallen sind. Hengest, der dänische heerführer (nach Simrock Hnäfs bruder) kehrt nicht nach Jütland zurück; ein bündnis mit den besiegten erlaubt ihm im lande zu verweilen. Im herbste, wo die see ruhig ist, verpafst er die gelegenheit zur

---

¹) Übersetzung nach L. Ettmüller: Scopes vidsith p. 4.
²) cf. Simrock: Beowulf p. 187 ff.

heimfahrt. Ein geheimer wunsch, Hnäf zu rächen, hält ihn zurück. Der schwergekränkte Friesenkönig Finn kommt ihm indes zuvor; er läfst ihn mit einem teil des gefolges ermorden; die übrigen Dänen entkommen zu schiffe. Bald kehren nun die geflohenen mit einem mächtigen heere zurück. Finn wird des verrates bezichtigt und erschlagen. Die unglückselige Hildeburg, die ihre brüder und söhne und schliefslich auch den gatten verloren hat, kehrt mit den Jüten wieder in ihre heimat zurück.

Während man nicht anstehen wird, einer solchen erzählung historische wahrscheinlichkeit zuzuerkennen, sind viele andere züge der germanischen mythologie entnommen.[1]) So singt der sänger in Beowulf auch von den taten Sigmunds und Fitelas seines neffen, die die riesen mit ihren schwertern erschlugen; er erzählt ferner, wie Sigmund den drachen bezwungen habe und so in den besitz des unermefslichen hortes gekommen sei:

[2]) wel-hwylc gecwäð,
þät hé fram Sigemundes secgan hýrde
ellen-daedum, uncúðes fela,
Wälsinges gewin, wide siðas,
þára þe gumena bearn gearwe ne wiston,
faehðe ond fyrena, búton Fitela mid hine,
þonne hé swulces hwät secgan wolde
eám his nefan, swá híe á waeron
ät níða gehwám nýd-gesteallan:

        manches sprach er,
was er von Sigemund, von seinen taten
gehört, des unbekannten viel, den kampf
des Wälsings, weite fahrten, fehd' und feindschaft,
die nimmer andern menschen kund geworden,
als Fitela, der mit ihm war, wenn er,
der ohm dem neffen solches sagen wollte,
wie sie denn immer und in jedem kampf
notfreunde waren;

Vergessen wir nicht, dafs nicht nur die eingeflochtenen sagen, sondern gerade die rahmenerzählung des Beowulf viele

---

[1]) cf. Nath. Müller: Die Mythen im Beowulf. Diss. Heidelberg 1878.
[2]) Beowulf v. 875 ff.

mythische züge enthält. Es kann nicht in der aufgabe dieser arbeit liegen, sie im einzelnen zu verfolgen. Ich erinnere nur an den kampf mit Grendel und die beseitigung des drachens, die dem greisen Beowulf das leben kostet und die phantastische schilderung des todes von Grendels mutter, die vielleicht eine spätere erweiterung des epos ist.

Ein später zusatz sind ferner die verse 90—114. Je mehr die christliche lehre aufnahme fand, um so mehr wurden auch christliche, vorzügliche alttestamentliche stoffe vom sänger vorgetragen. In schon bestehenden gedichten wurden heidnische elemente ausgemerzt und durch christliche ersetzt. Aus einem derartigen bedürfnis ist auch die folgende stelle in Beowulf hervorgegangen:

[1]) Sægde sé þe cúðe
frumsceaft fíra feorran reccan,
cwæð þæt se ælmihtiga eorðan worhte,
wlite-beorhtne wang, swá wæter bebúgeð,
gesette sige-hréðig sunnan ond mónan
leóman tó leóhte land-búendum,
ond gefrætwade foldan sceátas
leomum ond leáfum; líf éac gesceóp
cynna gehwylcum, þára þe cwice hwyrfað.

er der von alters her der menschen ursprung
erzählen konnte, sagte wie der schöpfer
die erde schuf, die glänzend schöne flur,
vom strom umgürtet, wie er siegesfreudig
der sonne und des mondes licht als leuchte
den erdbewohnern setzte, wie er zierte
der felder schofs mit laubgeschmückten zweigen,
und allem, was da atmet, leben gab.

Der sänger Hroðgars überliefert nicht nur historische, mythische oder biblische stoffe, wie wir bis jetzt festgestellt haben, sondern er geht auch selbst schöpferisch vor. Er ist hofpoet und ergreift begierig einen so würdigen gegenstand, wie ihn der sieg Beowulfs bietet.

[2]) Secg eft ongan
síð Beówulfes snyttrum styrian

---

[1]) Beowulf v. 90 ff. [2]) ib. v. 872 ff.

> ond on spéd wrecan spel geráde,
> wordum wrixlan,
> Der degen da begann das abenteuer
> des Goten klüglich vorzutragen und
> mit glück den wohlgesetzten spruch zu geben,

Wir haben allen grund zu vermuten, dafs der sagenstoff bei den Angelsachsen überaus reich war. Sehr vieles ist wohl verloren gegangen, anderes erst in späterem gewande bekannt.

Wenden wir nun unsre aufmerksamkeit denjenigen zu, denen die unterhaltung anheim fällt, den sängern, erzählern, musikanten aller art, tänzern, jongleurs, bärenführern u. s. f. Selbstredend nehmen auch die geladenen lebhaften anteil an der unterhaltung. Wer neu in einen kreis tritt, wie Beowulf, erzählt, woher er sei, wer seine ahnen gewesen und was er schon geleistet habe.

> [1]) Site nú tó symle ond onsael meoto,
> sigehréð secgum, swá þin sefa hwette!
>
> Jetzt sitze nieder
> zum mahl, du siegesmut'ger, mit den helden,
> von allem zwange frei, wie dir's gefällt.

(Der übersetzer scheint hier dem sinne gewalt anzutun, richtiger wäre wohl nach seiner eigenen ausgabe: eröffne deine absichten, siegesmutiger, den männern, wie es dein sinn dir eingibt!)

Mit diesen worten richtet sich Hroðgar an seinen gast, sobald er ihm den willkomm entboten hat. Dann erzählt Beowulf, wie er sieben nächte mit Breca im meere um die wette geschwommen sei und eine unzahl von meerungetümen schwimmend erlegt habe.[2])

Aber auch der gewöhnliche krieger nimmt seinen anteil an der tradition und trägt lieder vor, wenn ihm die gabe des gesangs verliehen ist. Das bezeugen die denksprüche der Exeterhs.

---

[1]) Beowulf v. 489 ff.
[2]) ib. v. 530 ff.

¹) Raed sceal mon secgan, rúne writan,
leóð gesingan, lofes gearnian
Der mann soll rat sprechen, geheimnisse aufzeichnen.
ein lied singen, lob ernten.

²) Swá monig beóð men ofer eorðan, swá beóð módgeþoncas:
aelc him hafað sundor-sefan.
Longað þonne þý läs, þe him con leóða worn,
oððe mid hondum con hearpan grétan,
hafað him his gliwes giefe, þe him god sealde.
So viele der menschen auf erden sind, so verschieden
       sind die gedanken,
jeder hat seinen eigenen sinn.
Langeweile plagt ihn um so weniger, je mehr er der
       lieder kennt,
oder wenn er mit den händen die harfe schlagen kann;
er besitzt die gabe des spiels, die ihm gott verlieh.

Sicherlich ist hier nicht nur der berufssänger, sondern irgend ein Angelsachse gemeint. Wir haben übrigens noch einen treffenderen beweis in Bedas Historia Ecclesiastica, die ich nach Alfreds des Grofsen übersetzung zitiere.

³) Wäs hé in weoruldháde geseted oð ðá tíde, ðe hé wäs geléfedre ieldo ond hé naefre naenig leóð gelcornade . ond hé forðon in gebeórscipe, ðonne ðáer wäs blíðse intinga gedémed, ðät hie ealle sceolden ðurh endebyrdnesse be hearpan singan, ðonne hé geseah ðá hearpan him nealáecan, ðonne árás he for sceome from ðaem symble ond hám eóde to his húse.

Er (nämlich Caedmon) hatte bis zu einem vorgerückten alter in der welt gelebt und nie ein einziges lied gelernt. Deshalb geschah es oft, dafs er beim biergelage, bei einem anlafs der freude, wenn alle der reihe nach zur harfe singen sollten und er die harfe sich ihm nähern sah, aus scham aufstand vom gelage und nach hause ging.

---

¹) Grein, Poesie d. Angels. p. 341, v. 139 ff.
²) Grein, Bibliothek II, p. 144, v. 168 fl.
³) Kluge, Lesebuch p. 29.

Die chroniken geben uns drei beispiele von königen, die in gestalt eines sängers in das feindliche lager geschlichen waren und während sie ihre lieder vortrugen, sich die nötigen kenntnisse über stärke und absicht des feindes verschafften. Die voraussetzung einer solchen täuschung ist natürlich, dafs ihnen die stoffe der sänger gründlich bekannt waren und sie sich wohl auch mit der harfe begleiten konnten. Wir erfahren bei William of Malmesbury, dafs Anlaf, könig der Northumbrier, als mime verkleidet ins lager Athelstan's gelangte.

[1]) Ille (i. e. Anlaf rex) qui tantum periculum imminere cerneret, astu exploratoris munus aggressus, depositis regiis insignibus, assumptaque in manibus cythara, ad tentorium regis nostri progreditur: ubi cum prae foribus cantitans interdum quoque quateret dulci resonantia fila tumultu, facile admissus est, professus mimum qui hujus modi arte stipem quotidianam mercaretur. Regem et convivas musico acromate aliquantisper delinivit, cum inter psallendum omnia oculis scrutaretur.

Noch bekannter ist das beispiel könig Alfreds, das uns ebenfalls durch William of Malmesbury überliefert ist.

[2]) Nec multo post, ergastulum exire ausus, magnae astutiae periculum fecit. Regis enim Danorum, sub specie mimi, subiens tentoria, unius tantum fidelissimi fruebatur conscientia; ubi ut jaculatoriae professor artis, etiam in secretiora triclinii admissus, nihil fuit arcanum quod non exciperet tum oculis tum auribus.

In der regel fällt jedoch die unterhaltung der gäste dem sänger zu. Die ältesten berichte über Britannien, die von

---

[1]) William of Malmesbury: Gesta Regum bd. I, p. 142.

[2]) William of Malmesbury: Gesta Regum bd. I, p. 126. Ein ähnlicher zug findet sich schliefslich aus der regierungszeit könig Arturs. Als Artur seinen feind Colgrinus in York belagerte und die entsatzversuche seines bruders Baldulphus vereitelte, entschlofs sich der letztere, in verkleidung eines spielmanns in die belagerte stadt zu gelangen. [Geoffrey of Monmouth: Hist. Reg. Brit. Lib. IX, Chap. I, p. 157.] Cum ergo alterius modi aditum non haberet: rasit capillos suos et barbam, cultumque joculatoris cum cythara cepit. Deinde intra castra deambulans, modulis quos in lyra componebat, sese cytharistam exhibebat. Cumque nulli suspectus esset accessit ad moenia urbis paulatim ceptam simulationem faciens.

griechischen oder lateinischen geschichtsschreibern auf uns gekommen sind, zeigen, welche rolle die Skalden bei der brittischen bevölkerung gespielt haben. So berichtet Diodorus Siculus, dafs sie die einen loben, die andern tadeln:

¹) *Εἰσὶ δὲ παρ' αὐτοῖς καὶ ποιηταὶ μελῶν, οὕς βάρδους ὀνομάζουσιν· οὗτοι δὲ μετ' ὀργάνων ταῖς λύραις ὁμοίων ᾄδοντες, οὕς μὲν ὑμνοῦσιν, οὕς δὲ βλασφημοῦσι.*

und Strabo weifs, dafs sie mit den weissagern und den druiden zu den angesehensten im volke gehört haben:

²) *Παρ' ἅπασι δὲ [Γαλάταις] ὡς ἐπίπαν τρία φῦλα τῶν τιμωμένων διαφερόντως ἐστὶ, Βάρδοι τε, καὶ Οὐάτεις, καὶ Δρυΐδαι. Βάρδοι μὲν ὑμνηταὶ καὶ ποιηταί. Οὐάτεις δὲ ἱεροποιοὶ καὶ φυσιολόγοι. Δρυΐδαι δὲ πρὸς τῇ φυσιολογίᾳ καὶ τὴν ἠθικὴν φιλοσοφίαν ἀσκοῦσι.*

Bereits bei ihrer einwanderung fanden also die germanischen stämme sänger in bester sozialer stellung vor. Diese tatsache mag vielleicht nicht ohne einwirkung auf das los der angelsächsischen spielleute gewesen sein, die auch lange zu den geachtetsten im volke zählten. Zur zeit des Normanneneinfalls besafs Berdic, der joculator regis, nach dem zeugnis des Doomsdaybook drei landgüter und fünf stück pflugland frei von jeglichen abgaben.

³) Berdic joculator regis ht. III. uillas. 7 ibi V car. ' nil redd.

Was Wilhelm Herz in der vorzüglichen einleitung zu seinem spielmannsbuch über den stand der spielleute sagt, gilt in ausgedehntem mafse auch für die angelsächsischen sänger, die sehr angesehen, oft sogar adeligen standes waren und mit grofsen lehen bedacht wurden. Sie waren die einzigen vermittler aller gattungen der profanen literatur und noch nicht auf den zustand herabgesunken, in dem wir sie am ausgang des mittelalters finden. Es mufs zwar schon in angelsächsischer zeit ein unterschied bestanden haben zwischen dem Scop, der das lob der alten helden sang und den histriones,

---

¹) Nach Monumenta Historica Britannica p. CIII
²) ib. p. CIV.
³) Domesdaybook, bd. I, p. 162 a.

die sangen, geigten und tanzten und ihr publikum nach art der jongleurs auf modernen jahrmärkten ergötzten. Über die ersteren äufsert sich Herz: [1] "Den sängern der keltischen und germanischen vorzeit haftete kein makel an. Sie gehörten zu den besten ihres volkes, hochgeehrt um ihrer kunst willen, die von den göttern kam. Jeder hofhalt hatte seinen sänger als ständiges mitglied; andere wanderten von volk zu volk, von herrensitz zu herrensitz, emsig bemüht, den schatz der nationalen dichtung im gedächtnis zu sammeln, zu mehren und zu verbreiten." Einer dieser vornehmen sänger ist der im Beowulf, den der dichter cyninges þegn, des königs degen, guma gilphlaeden, einen ruhmbedeckten mann, gidda gemyndig, der sprüche kundigen — heifst. Auch Widsiþ ist überall ein wohlgelittener gast, von edlem stamme:

[2] Him from Myrgingum
äþelo onwócon.

Ihm war von den Myrgingern
hohe abkunft geworden.

Als adeliger empfängt er auch ritterliche gaben als lohn für seinen gesang:

[3] Mid Þyringum ic wäs and mid Þrówendum
and mid Burgendum, þaer ic beág geþáh
mé þaer Gúðhere forgeaf glädlíene máþþum
songes tó leáne; näs þät saene cyning!

[4] Bei den Thyringen ich war und bei den Throwenden,
und bei den Burgunden, da ich einen baug erhielt:
mir da Gudhhere übergab das ergötzliche kleinod
zu sanges lohne: nicht war das sainer (lässiger) könig.

Besonders reich wird er von Eormanric beschenkt:

[5] And ic wäs mid Eormanríce ealle þráge,
þaer mé Gotena cyning góde dohte;

---

[1] Wilh. Herz, Spielmannsbuch: Einleitung.
[2] Kluge, Lesebuch p. 124: Widsiþ v. 4 ff.
[3] ib. v. 64 ff.
[4] Übersetzung nach Ettmüller: Scôpes Vîdsídh p. 5.
[5] Kluge, Lesebuch p. 126, v. 88 ff.

sé mé beáh forgeaf, burgwarena fruma
on þám siexhund wäs smaetes goldes
gescyred sceatta scillingríme
¹) Und ich war bei Eormanrik alle weile:
da mich der Gotenkönig mit gut erfeute,
der den baug mir gab, der burgmänner obherr,
zu dem sechs hundert war schmeiden goldes
geschnitten der schatzmünzen nach dem schillingwert.

Der platz des sängers ist zu füfsen des fürsten, für dessen unterhaltung er die harfe erklingen läfst:

²) Sum sceal mid hearpan ät his hláfordes
fótum sittan, feoh þicgan
and á snellice snére wraestan
gládan scral laetan gearo se þe hleapeð
nägl neomegende:
³) Mit der harfe soll zu seines herren füfsen
sitzen mancher und schätze empfahn,
soll schnell die schnur in schwingung bringen
und fröhlichen schall erheben, wer geschickt
das stäbchen musizierend rührt:

Von hoher abkunft und heldenhaftem gebahren ist Egil Skallagrimsson, welcher sich in den jahren 925—26 und 936—37 am hofe Athelstans aufhält und dort während seines ersten aufenthaltes auf den könig Athelstan eine drapa dichtet, von der uns noch eine strophe und das stefen erhalten sind. — Egil, der sohn des Skallagrim, ist mit seinem bruder Thorolf auf der fahrt nach Jütland im gebiet könig Athelstan's gelandet, denn er hat gehört, jener bedürfe krieger für seinen kampf gegen den Schottenkönig Olaf. Durch ihr tapferes eingreifen wird Olaf besiegt; Egil verliert aber im kampfe seinen bruder Thorolf und singt voll trauer an seinem grabe:

⁴) Gekk sás óðesk ekke
jarlmanns bane snarla

---

¹) Ettmüller: Scôpes vidsidh p. 6.
²) Grein, Poesie bd. I p. 209, v. 80 ff.
³) Grein, Dicht. bd. II, p. 158, v. 80 ff.
⁴) F. Jonsson: Egils Saga p. 171.

þreklundaðr fell, þundar,
þórolfr, í gný stórom.
jǫrð groer, en vér verðom,
víno naer of mínom
(helnauð es þat) hylja
harm ágaetom barma.

¹) Der mörder Jarls,
dem auch vor nichts in der welt
bange war, ging rasend vor in dem
gewaltigen donner des þundr. (Odin)
Wenn auch Thorolf noch so tapfer war,
so mufste er doch fallen. Die erde wird grün
über meinem trefflichen bruder in der nähe von Vina.
Das ist für mich schwerer schmerz; aber ich mufs
meine qual verbergen.

²) Valkǫstom hlóðk restan
vang fyr merkestanger.
ótt vas él þats sóttak
aðils of bláom naðre.
háðe ungr við engla
áleifr þrumo stála
helt, ne hrafnar sulto,
hringr á vápna þinge.

Ich besäte das land nach westen hin
mit leichen vor den standarten;
der kampf war rasend, als ich Adils
angriff mit meiner schwarzblauen natter.
Der junge Olaf hatte
schwertgetöse mit den Angeln;
Hring war eifrig auf dem waffenthinge,
damit die raben nicht zu hungern hätten.

Nachdem er so seinen bruder geehrt, tritt Egil in die Methalle, doch führt er den becher nicht an die lippen, bevor Athelstan ihm als lohn des kampfes einen grofsen, herrlichen

---

¹) Die übersetzung verdanke ich der freundlichen hülfe von frau dr. Oberländer-Rittershaus.

²) F. Jonsson, Egils Saga p. 175.

goldring über das feuer dargereicht hat. Jetzt legt er schwert und helm ab, ergreift das tierhorn, das man ihm reicht und spricht nachdem er getrunken:

>¹) Hrammtangar laetr hanga
> hrynvirgel mér brynjo
> hǫðr á hanke troðnom
> heiðes vingameiðe.
> rauðmeldrs kná ek reiða,
> raeðr gunnvala braeðer,
> gelgjo seiðs á galga
> geirveðrs, lofe at meira.

> Der könig gab mir einen ring
> auf die hand, auf der ich
> den habicht getragen habe.
> Ich trage den goldring
> auf meiner hand; der geber
> hat noch mehr lob verdient.

Egil ist übrigens nur der repräsentant einer ganzen reihe von dichtern, meist fürstlicher herkunft, die von Island aus bis ins 12. jahrh. hinein die englischen höfe besuchten. Es berichtet uns die Gunnlaugs Saga Ormstungu, dafs Gunnlaugr am hofe Aethelred's wohlwollende aufnahme gefunden und dort mehrere gedichte verfafst habe; auch die Kormáks Sage erzählt von einem aufenthalt dieses dichters in England.

Ein angelsächsisches rätsel, nr. 78 der Grein'schen sammlung, sagt, dafs häufig ein falke ²) der lohn des sängers sei. Der jagdfalke war aber zu jeder zeit, wie ich später zu zeigen gelegenheit haben werde, sehr teuer bezahlt und fast nur im besitz der vornehmen. Der dichter mufste sich wohl den empfänger als einen adeligen denken.

> ³) Ic eom ädelinges eaxlgestealla,
> fyrdrinces gefara, freán minum leóf,
> cyninges geselda. Cwén mec hwilum

---

¹) F. Jonsson, Egils Saga, p. 177.
²) Ich nehme hierbei stillschweigend die lesung Dietri['s als] die richtige an.
³) Grein, Bibliothek bd. II, p. 402.

hwitloccedu hond on legeð,
eorles dóhtor, þeáh hió äðelu sí.
Häbbe me on bósme, þät on bearwe geweox.
Hwílum ic on wloncum wicge ríde
herges on ende; heard is mín tunge.
Oft ic wóðboran wordleana sum
ágiefe äfter giedde. Gód is mín wise
and ic sylfu salo. Saga, hwät ic hátte!

¹)Ich bin eines edelinges achselgenosse,
eines helden gefährte, meinem herren lieb,
geselle eines königs; nicht selten legt auch
eine hellgelockte frau ihre hand an mich,
eines edelinges tochter, wenn sie gleich adlig ist.
Mein busen trägt, was in dem baumhain wuchs.
Ich reite auf einem streitrofs, auf einem stattlichen,
           bisweilen
an des heeres spitze: hart ist meine zunge.
Einem sänger gebe ich nach dem gesange oft
für seine worte lohn. Meine weise ist gut,
ich selbst bin schmutzfarbig. Sage, wie ich heifse!

### 5. Tänzer, jongleure und bärenführer.

Verschiedene tatsachen, vor allem die miniaturen in den angelsächsischen manuskripten, belehren uns, dafs noch eine weitere, viel niedrigere klasse von spielleuten existierte. Wright macht zwar diesen unterschied nicht; er sagt: ²)Although it was considered a very fashionable accomplishment among the Anglo-Saxons to be a good singer of verses and a good player on the harp, yet the professed minstrel, who went about to every sort of joyous assemblage, from the festive hall to the village wake, was a person not esteemed respectable. Die vorigen seiten haben zur genüge bewiesen, wie unrichtig oder wenigstens unvollständig diese behauptung ist. Das ist ein ganz anderer schlag leute, vor deren gesellschaft ernstgesinnte geistliche warnen. So schreibt Alcuin, der spätere schulrefor-

---

¹) Grein, Dichtungen d. Angels. bd. II, p. 242.
²) Thos. Wright: Domestic Manners and Sentiments, p. 47.

mator und erzieher am hofe Karls des Grofsen im jahre 799 an Adalhard:

[1]) Vereor, ne Homerus (Angilbertus) irascitur contra cartam prohibentem spectacula et diabolica figmenta. Quae omnes sanctae scripturae prohibent, in tantum, ut legebam, sanctum dicere Augustinum: Nescit homo, qui histriones et mimos et saltatores introducit in domum suam quam magna eos immundorum sequitur turba spirituum. Sed absit ut in domo christiana diabolus habeat potestatem.

Noch eindringlicher ermahnt er Higbald, bischof von Lindisfarena:

Alcuinus Higbaldum episcopum Lindisfarenensem multa admonet..... [2]) In te enim exemplum sit totius sobrietatis et continentiae. Verba dei legantur in sacerdotali convivio. Ibi decet lectorem audiri non citharistam; sermones patrum, non carmina gentilium.

Auch die Concilia Cloveshoviae verbieten den mönchen leichtsinnige unterhaltung durch sänger, musikanten und possenreifser:

[3]) Vicesimo sancitur decreto: ut provideant vigilanti perspectione episcopi in suis parochiis, ut sint monasteria juxta vocabulum nominis sui, id est, honesta silentium, quietorum, atque pro deo laborantium habitacula, et non sint ludicrarum artium receptacula, hoc est poetarum, citharistarum, musicorum, scurrorum; sed orantium, legentium, Deumque laudantium habitationes etc.

Schlimm mufste es wohl um die moral einiger klöster stehen, wenn könig Edgar sich veranlafst sah, in einem umfangreichen erlafs die bischöfe aufzufordern, der unzucht, spielsucht und trunkenheit der ihnen unterstellten nach kräften zu steuern. Darüber schreien die soldaten, murmelt das volk, die spielleute singen und tanzen es und ihr (die bischöfe) haltet noch zurück u. s. f.

---

[1]) Monumenta Alcuiniana, p. 179.
[2]) ib. p. 357.
[3]) Spelman, Concilia bd. I, p. 261.

[1])Taceo quod non est illis corona patens, nec tonsura conveniens. At in veste lascivia, insolentia in gestu, in verbis turpitudo, interioris hominis produnt insaniam. Praeterea in divinis officiis quanta sit negligentia, cum sacris vigiliis vix interesse dignentur, cum ad sacre Missarum solennia, ad ludendum, subridendum, magis quam ad psallendum congregari videantur. Dicam quod boni lugent, mali rident; dicam dolens (et si tamen dici potest) quo modo diffluant in commessationibus, in ebrietatibus, in cubilibus et impudicitiis; ut jam domus clericorum putentur prostibula meretricum, conciliabulum histrionum. Ibi alae, ibi saltus et cantus, ibi usque ad medium noctis spatium protractae in clamore et horrore vigiliae. ..... Ad hoc ergo exhauserunt patres nostri thesauros suos? ad hoc fiscus regius, detractis reditibus multis, elargitus est? ad hoc Ecclesiis Christi agros et possessiones regales munificentia contulit, ut deliciis clericorum meretrices ornentur? luxuriosae convivae praeparentur? canes ac aves et talia ludicra comparentur? Hoc milites clamant, plebs submurmurat, mimi cantant et saltant et vos negligitis, vos parcitis etc.

Gegen diese histriones, mimi, musici, scurri, saltatores schreitet die kirche mit strenge ein. Sie vermitteln wohl nicht nur profane, sondern eigentlich obscoene stoffe. So deute ich eine weitere verfügung könig Edgar's.

[2])Docemus etiam, ut unusquique abstineat a fabulosis et absurdis lectionibus: quin et a cantilenis turpibus et blasphemis.

Diese Cantilenae turpes konnten nicht bloſs profane lieder bedeuten; es muſs sich damit der begriff des gemeinen und anstöſsigen verbinden, denn auch Aldhelm hat zufolge William von Malmesbury weltliche lieder verfaſst.

[3])Litteris itaque ad plenum instructus, nativae quoque linguae non negligebat carmina; adeo ut, testo libro Elfredi,

---

[1]) Spelman, Concilia bd. I, p. 477: Oratio Regis ad Dunstanum, Archiepiscopum Cantuariae, Oswaldum Wigorniae etc.
[2]) Spelman, Concilia: p. 450 unter Canones dati sub Edgaro Rege.
[3]) William of Malmesbury: Gesta Pontificum, p. 336.

de quo superius dixi, nulla umquam aetate par ei fuerit quisquam. Poesim Anglicam posse facere, cantum componere, eadem apposite vel canere vel dicere. Denique commemorat Elfredus, carmen triviale, quod adhuc vulgo cantitatur, Aldhelmum fecisse; aditiens causam qua probet rationabiliter tantum virum his quae videantur frivola institisse.

Schliefslich habe ich noch einer weitern kategorie von fahrenden spielleuten zu gedenken, die heute noch nicht ganz verschwunden sind und deren produktionen in entlegeneren tälern immer noch ihre bewunderer finden; ich meine die bärenführer. W. Wackernagel gibt hierüber eine kurze notiz: [1] "Hinkmar, erzbischof von Rheims, gebot den pfarrern seines sprengels ne turpia ioca cum urso vel tornatricibus ante se facere permittant." Die altenglischen chroniken geben uns hierfür keine belege, doch besitzen wir miniaturen aus angelsächsischen mss., die solche szenen zur darstellung bringen. In einer handschrift aus dem X. jahrh. [2] (Harleian Collection nr. 603) sehen wir einen bärenführer, der einen bären an der leine hält. Die anlage der zeichnung ist etwas ungeschickt. Die zuschauer sind um einen erdwall herum gruppiert, andere stehen auf der burgzinne oder stadtmauer. In der tiefe ist der bärenführer, der mit seinem tier das altbekannte repertoire durchgeht. Hinter ihm ist ein tänzer, welcher bei seinen sprüngen hände und arme lebhaft bewegt und ein spielmann, der auf einen stock gestützt die doppelflöte bläst. — Im gleichen manuskript finden wir eine darstellung eines ältern tänzers mit einem knaben. Der knabe begleitet seinen gefährten mit der harfe und scheint zu seinem spiele zu singen; der tänzer hat mit der rechten hand seinen fufs gefafst und hüpft auf einem bein umher. — Eine handschrift aus dem IX. jahrh. [3] (Cleopatra (VIII) zeigt unter anderem zwei musikanten: einen harfenspieler und einen, der die doppelflöte bläst, während ein dritter dazu tanzt und seinem körper die verschiedensten verrenkungen gibt. Der haltung nach möchte man auf eine art Irish Jig schliefsen.

---

[1] Haupt's Zeitschrift bd. VI.
[2] cf. Jos. Strutt, Sports and Pastimes, p 176.
[3] cf. Jos. Strutt, Sports and Pastimes, p 213.

Von besonderem Interesse ist für uns eine illustration aus einer Psalmenhandschrift [1]) (Ms. Cott. Tiberius CVI). In der mitte des bildes sitzt könig David mit einer harfe, rechts neben ihm, nur halb so grofs, ist ein posaunenbläser, links ein hornbläser, rechts vom kopfe ein jongleur, der mit drei messern und drei kugeln gleichzeitig jongliert und links oben ein geiger.

## 6. Profane und kirchliche musik.

Wir haben im vorigen schon gesehen, dafs gesang und erzählung unzertrennbar sind beim angelsächsischen sänger hohen oder niederen standes. Der sänger begleitet sich zumeist mit der harfe, wie uns die miniaturen zeigen; auch in Beowulf scheinen hearpan swég und swutol sang scopes synonyme ausdrücke zu sein. Die harfe war in der tat bei weitem das beliebteste instrument. Sie war seit den ältesten zeiten auf britischem boden heimisch; zeugnis dafür das bereits erwähnte zitat aus Diodorus Siculus.

Nach den miniaturen zu schliefsen, hatten die verschiedenen harfen ganz verschiedenen tonumfang; doch ist vielleicht die verschiedenheit eher der kleinen dimension der zeichnung und dem ungeschick des künstlers zuzuschreiben. Neben der harfe waren aber noch mehrere andere instrumente im gebrauch. Darüber belehren uns wiederum die miniaturen am besten. Eine illustration im Harleian Ms. nr. 603 [2]) führt uns eine tafelgesellschaft vor, zu deren unterhaltung zwei tänzer und ein orchester von fünf musikanten beitragen. Zwei derselben spielen auf einer harfe, zwei weitere auf leicht gebogenen, langen blasinstrumenten, sogenannten heerhörnern, und ein fünfter schlägt eine art leier. Der posaune, doppelflöte und geige sind wir bereits oben schon begegnet. Die lateinischen texte sprechen nicht selten von einer cithara, doch entspricht das bezeichnete instrument annähernd einer geige und nicht wie der ausdruck erwarten läfst, einer zither.

---

[1]) cf. Thos. Wright: Homes of other days, p. 48 und R. P. Wülker: Englische Literaturgesch. p. 62.
[2]) cf. Wright, Homes of other days, p. 45.

E. Buhle, der reiches material für die kenntnis der musikalischen instrumente im mittelalter gesammelt hat, sagt darüber: "In der angelsächsischen kunst, die sich schon zu ende des 8. jahrh. selbständig entwickelt hatte, als das festland noch keine nennenswerten miniaturmalereien besafs, treten deutlich nationale elemente zu tage. Die cithara und das psalterium werden durch das saiteninstrument die rotte ersetzt. Dafs die bezeichnung dieses instrumentes einem wirklichen instrument in treuer, ja detaillierter wiedergabe der form entspricht, dies beweisen grabfunde aus dem 4.—8. jahrh., die bei Oberflacht in Württemberg gemacht worden sind und die unter andern auch eine rotte zu tage förderten." Buhle bespricht nach einer kurzen einleitung alle instrumente, die er auf germanischem boden für das mittelalter nachweisen kann. Für uns kommt darunter noch der krumme zink,[1]) ein kurzes horn, das durch eine reihe von löchern leistungsfähiger gemacht wurde, ferner eine zweiröhrige flöte[2]) (nicht identisch mit der römischen doppelpfeife, deren beide röhren in einem spitzen winkel zu einander stehen) in betracht. Auch der dudelsack, das älteste zusammengesetzte blasinstrument, ist in einem manuskript des 10. jahrh. bezeugt. Buhle glaubt, dafs er allen naturvölkern und ganz besonders den Nomaden eigentümlich gewesen und wahrscheinlich nicht durch die Römer nach England gekommen sei. Wir besitzen übrigens im angelsächsischen sprachschatze ein anmutiges rätsel, das von dem wunderbaren, singenden ding spricht, das vogelgestalt habe und doch nicht fliegen könne.

> [3]) Is þes middangeard missenlicum
> wisum gewlitegad, wraettum gefrätwad.
> Ic seah sellic þing singan on rǣcede:
> wiht wäs nó werum on gemonge,
> sió häfde wästum wundorlicran!
> Nið̄er weard wäs neb hyre,
> fét and folme fugele gelice:
> nó hwädre fleógan ne mäg ne fela gongan,
> hwädre féð̄e georn fremman onginneð̄

---

[1]) Cambridge Univ. Libr. F. f. I, 23 cf. Buhle, Anhang.
[2]) Brit. Mus. Add. 24199. cf. Buhle, Anhang.
[3]) Grein, Bibl. bd. II, p. 384.

gecoren cräftum, cyrreð geneahhe
oft and gelóme eorlum on gemonge,
siteð ät symble, saeles bídeð,
hwonne aer heó cräft hyre cýðan móte
werum on wonge. Ne heó þaer wiht þigeð
þäs þe him ät blisse beornas habbað,
deór dómes georn. Hió dumb wunað;
hwädre hyre is on fóte fäger hleóðor,
wynlícu wóðgiefu: wraetlíc me þinceð,
hú seó wiht maege wordum lácan,
þurh fót neoðan frätwed hyrstum!
Hafað hyre on halse, þonne hió hord warað
baer beagum deall, bróðor síne
maeg mid mägne. Micel is tó hycgenne
wísum wóðboran, hwät [sió] wiht síe.

¹) Dieser mittelkreis ist auf mannigfache
weisen verherrlicht, mit wunderzier geschmückt.
In dem saale sah ich singen ein seltsam ding:
nie ward gesehen ein wesen in gesellschaft der männer,
das ein wunderlicheres wachstum hatte!
Abwärts war sein antlitz gerichtet,
füfse und hände dem vogel gleich:
doch nicht zu fliegen vermags noch viel zu gehen,
und gleichwohl beginnt es ganz eifrig zu schaffen
in kunst auserkoren, kehrt genugsam
oft und häufig ein in der versammlung,
sitzt beim zechgelage die zeit erwartend,
wannehr es seine kunstbegabung kund tun möchte
den helden im hause. Es erhält nichts dessen,
was sich zur wonne wehrmänner haben,
beliebt und lobbegierig. Es steht lautlos da:
doch liegt ihm in dem fufse liebliche stimme,
wonnigliche sangesgabe. Wunderbar dünkts mir,
wie das wesen kann mit worten spielen,
durch den fufs von unten fein verzieret!
am halse hats, wenn es den hort bewahrt,
barleibig im ringen stolz die brüder sein

---

¹) Grein, Dichtungen d. A. bd. II, p. 223 ff.

als maagfreund mit kraft. Mühsam ist's zu raten
weisen sängern, was dieses wesen sei!

Zwei weitere rätsel deuten unzweifelhaft auf die schalmei
und die rohrflöte hin; ich werde auf das letztere in dem abschnitte über die rätsel zn sprechen kommen.

Obgleich die kirchenmusik nicht direkt in den rahmen
dieser arbeit gehört, so kann ich doch nicht umhin, das hauptsächliche darüber hier zu erwähnen. Die frühen gesamtausgaben der werke Bedas weisen Beda eine dissertation über:
Musica practica zu, die Giles nicht mehr in seine zwölfbändige
ausgabe aufgenommen hat; er hält sie für unecht und dies
wohl mit gutem recht. Der autor derselben gibt eine definition der musik, stellt den unterschied fest zwischen instrumentalmusik und gesang und behandelt dann töne und intervalle
nach quantität und qualität; zuletzt singt er noch weitläufig
das lob dieser hehren kunst:

[1] Inter omnes enim scientias ipsa laudabilior, curialior,
iucundior, laetior, amabilior esfe probatur.

Doch wenn auch dieser beleg aufser betracht fallen mufs,
so haben wir genügend beweise dafür, dafs der kirchengesang
in angelsächsischer zeit sorgfältig gepflegt wurde. Zufolge
Beda ist der gute kirchengesang von Kent ausgegangen:

[2] Sed et sonos cantandi in ecclesia, quos eatenus, in
Cantia tantum noverant, ab hoc tempore per omnes Anglorum
ecclesias discere coeperunt. Primusque, excepto Jacobo (de
quo supra diximus), cantandi magister Nordanhymbrorum
ecclesiis, Aeddi cognomento Stephanus, fuit invitatus de
Cantia a reverentissimo viro Uilfrido quo primus inter episcopos qui de Anglorum gente essent, catholicum vivendi
morem ecclesiis Anglorum tradere didicit.

Ein weiteres zeugnis ist uns ebenfalls durch die kirchengeschichte überliefert.

[3] Cantatorem quoque egregium, vocabulo Maban, qui a
successoribus discipulorum beati papae Gregorii in Cantia

---

[1] Beda's Werke, Kölner ausgabe, bd. III, p. 353.
[2] Historia Ecclesiastica L. IV cap. 2.
[3] Beda's Historia Ecclesiastica Lib. V, Cap. 20.

fuerat cantandi sonos edoctus, ad se suosque instituendos
accersiit, ac per annos duodecim tenuit: quatenus et quae
illi non noverant, carmina ecclesiastica doceret; et ea quae
quondam cognito longo usu vel negligentia inveterare coeperunt, hujus doctrina priscum renovarentur in statum. Nam
et ipse episcopus Acca cantator erat peritissimus, quomodo
etiam in litteris sanctis doctissimus etc.

Das fragment eines liedes über Cnut hebt das schöne
singen der mönche von Ely hervor. Der könig fährt in einem
ruderboot in der nähe der klosterkirche vorbei und gebietet
den ruderern, sich dem land zu nähern, damit er den schönen
gesang geniefsen könne.

    [1]) Merie sungon ðe muneches binnen Ely
    ða Cnut ching reu ðerby;
    roweð, cnites, noer the land
    and here we ther muneches sæng.

    Fröhlich sangen die mönche in Ely,
    als Knut, der könig, vorüber ruderte;
    rudert, jünglinge, nahe ans land
    und hören wir der mönche gesang.

Unter den mannigfachen gaben, die gott den menschen
verliehen hat, wird in Be monna cräftum speziell auch des
kirchengesangs gedacht:

    [2]) Sum cräft hafað circnytta fela,
    maeg on lofsongum lifes waldend
    hlude hérgan, hafað heálice
    beorhte stefne.

Mancher ist geschickt in mancherlei kirchlichen diensten;
er kann mit lobgesängen den walter des lebens
laut preisen; er hat in vorzüglichem mafse
eine schöne stimme.

Eine änderung im kirchengesang im sinne einer anpassung
an die französische manier ist nach der Abingdon-Chronik in
der mitte des 10. jahrh. eingetreten.

---

    [1]) Kluge, Lesebuch, p. 139.
    [2]) Grein, Poesie d. A., bd. I, p. 206, v. 91 ff.

[1]) Ut districtioris autem vitae tramitem cum e diversis Angliae partibus viri Dei, audita Aethelwoldi sanctitate, plurimi, differenti more legendi canendique instituti, ad eum convenirent atque reciperentur, volens eos in ecclesia consona Deo voce jubilare, ex Corbiensi coenobio, quod in Francia situm est, ecclesiastica ea tempestate disciplina opinatissimo viros accersiit solertissimos, quos in legendo psallendoque sui imitarentur.

Natürlich fanden verschiedene der bereits genannten musikinstrumente auch in der kirche verwendung; vor allem die geige, die harfe, die posaune, das heerhorn. der zink usw., die ich schon früher als in kirchlichen handschriften vorkommend, zitiert habe. Der heilige Dunstan, um dessen leben sich in kurzer zeit ein ganzer kreis von legenden spann, soll unter vielen fertigkeiten auch die des malens und harfenspielens besessen haben:

[2]) Hic etiam inter sacra litterarum studia, ut in omnibus erat idoneus, artem scribendi necnon citharizandi pariterque pingendi peritiam diligenter excoluit, ...

Ein biograph erzählt uns hierauf, dafs er eine kunstvolle zeichnung für eine stola entworfen habe und fährt fort:

[3]) Quod cum veniendo fecisset, sumpsit secum ex more cytharam suam quam lingua paterna hearpam vocamus, quo se temporibus alternis mentesque ad se tendentium jocundaretur in illa.

In einem briefe an den bischof Lullus erbittet abt Cuthbert einen geigenspieler und erwähnt, dafs derselbe der rotta kundig sein sollte.

[4]) Delectat me quoque cytharistam habere, qui possit cytharisare in cithara, quam nos appellamus rottae, quia citharam habeo et artificem non habeo.

Cythara bedeutet wohl ganz allgemein ein saiteninstrument, cytharisare das spielen auf einem solchen.

---

[1]) Chronicon Monasterii de Abingdon, Vol 1, p. 129.
[2]) Memorials of St. Dunstan, p. 20.
[3]) ib. p. 21.
[4]) Epistolae S^d Bonifacii, Ed. Würdtwein p. 311

Besondere aufmerksamkeit und ganz detaillierte beschreibung wird in den geistlichen handschriften jeweilen der orgel zu teil, die wir bis ins 10. jahrh. zurückverfolgen können. In England entstehen um diese zeit drei hervorragende orgeln. Im jahre 980 wird unter dem bischof Aelfeah in dem kloster von Winchester ein riesenwerk fertig gestellt, das an gröfse von keinem andern erreicht wurde. Es war mit 400 pfeifen und 26 bälgen versehen und hatte zwei klaviere mit je 20 tasten, deren jede zehn pfeifen auf einmal ertönen liefs.[1]

[2] Talia et auxistis hic organa qualia nusquam
cernuntur geminata constabilata solo.
Bisseni supra sociantur in ordine folles
Inferiusque jacent quattuor atque decem ....
Sola quadringentas quae sustinet ordine musas
Quas manus organici temperat ingenii ....
Considuntque duo concordi pectore fratres
Et regit alphabetum rector uterque suum.
Suntque quater denis occulta foramina linguis
Inque suo retinet ordine quaeque decem.

Unter dem jahre 990 berichtet die chronik von Ramsey von der schenkung einer orgel durch Ailwyn.

[3] Triginta praeterea libras ad fabricandos cupreos organorum calamos erogavit, qui in alveo suo super unam cochlearum denso ordine foraminibus insidentes, et diebus festis follium spiramento fortiore pulsati, praedulcem melodiam et clangorem longius resonantem ediderunt.

Wir besitzen überdies ein zeugnis von William of Malmesbury. Er erzählt in den Gesta Pontificum, dafs S$^t$ Dunstan Malmesbury wieder hergestellt und ausgeschmückt und dem kloster glocken und eine orgel verschafft habe. Die orgel habe folgende inschrift getragen:

[4] Dudum conceptas follis vomit anxius auras,
Ibi hoc distichon laminis aereis impressit;

---

[1] cf. Buhle, p. 63.
[2] Mabillon, Acta Sanctorum, bd. 5, p. 630 ff.
[3] Chronicon Abbatiae Ramesciensis, p. 90.
[4] William of Malmesbury: Gesta Pontificum, p. 407.

'Organa do sancto praesul Dunstanus Aldhelmo,
Perdat hic aeternum qui vult hinc tollere regnum'.

Schliefslich führe ich noch eine beschreibung an, die chronologisch an erster stelle kommen sollte. Aldhelm erwähnt in seinem werke: De laudibus virginum, ein instrument, das aus tausenden von pfeifen töne hervorströmen lasse. Gerade diese übertreibung scheint mir darauf hinzudeuten, dafs er die orgel nicht im eigenen lande gesehen hatte, sie wohl nur durch beschreibungen kannte.

[1]) Maxima millenis auscultans organa flabris
Mulceat auditum ventosis follibus iste,
Qamlibet auratis fulgescant caetera capsis.

Während die musik einerseits durch die kirche unterstützt und gefördert wurde, war ihre ausübung an andern als geweihten orten den klerikern strenge untersagt. Übertretungen müssen wohl sehr häufig gewesen sein, da sie zu besondern gesetzlichen bestimmungen anlafs gaben. König Edgar erläfst in zwei verschiedenen sammlungen die gleiche mahnung: Der priester darf nicht spielmann beim Biergelage sein und weder sich noch andere leute nach art der spielleute unterhalten.

[2]) And we lærað · þ ænig preóst ne beó ealu-scop · ne on ænige wísan gliwige mid him-sylfum · oþþe mid óþrum mannum · ac beó swa his háde gebyrað · wis and weorþful:

The law of the Northumbrian priests, ebenfalls aus Edgar's zeit verlangt, dafs ein priester, der der trunkenheit ergeben sei oder sich zum spielmann und bänkelsänger herabwürdige, bufse tue:

[3]) Gif preóst ofer-druncen lufige · oþþe glíman · oþþe ealu-scop wurde, gebéte þ:

Die mahnung mochte wohl ihren guten grund haben, wenn man sich erinnert, mit welch' heftigen vorwürfen sich könig Edgar in einem früher erwähnten zitat an seinen klerus wendet:

---

[1]) Aldhelm in: Patres Ecclesiae Anglicanae, Ed. Giles, p. 138.
[2]) Canones dati sub Edgaro Rege § 58 in Thorpe: Ancient Laws and Institutes, p. 400.
[3]) Law of the North. Priests § 41, in Thorpe's Ancient Laws and Institutes, p. 418.

¹) domus clericorum putentur prostibula meretricum, conciliabulum histrionum. Ibi aleae, ibi saltus et cantus, ibi usque ad medium noctis spatium protractae in clamore et horrore vigiliae.

Am sonntag soll ein jeder, auch der laie, den vergnügen entsagen. Die sonntagsheiligung, die noch heute jedem kontinentalen in England auffällt, weil sie wohl nirgends mit derselben konsequenz durchgeführt werden kann, schärfen schon die Canones Edgari ein.

²) And we láerað · þ man geswice freólsdagum haeðenra leóða and deófles gamena. Und wir schreiben vor, dafs man an feiertagen von heidnischen liedern und spielen des teufels abstehe.

William of Malmesbury erzählt uns eine phantastische geschichte, die für den aberglauben jener zeit typisch sein kann und wohl dazu geeignet war, die gläubigen von profanen vergnügen an sonn- und festtagen abzuschrecken.

³) Eine gesellschaft junger leute tanzt am abend vor weihnachten auf dem friedhof eines sächsischen dorfes und singt dazu weltliche gesänge. Der geistliche durch die übermütigen an der ausübung seiner religiösen funktionen gehindert, bittet gott, den frevel zu rächen und die sündigen dadurch zu bestrafen, dafs sie bis zum ende des jahres weiter tanzen müssen. Sein wunsch wird erfüllt; der tolle tanz hört nicht auf. Ein junger mann versucht seine schwester aus dem reigen zu reifsen; ihr arm bricht ab, doch fliefst kein tropfen blut. Weder kälte, noch hunger oder durst kann den verdammten etwas anhaben; sie versinken nach und nach bis an die hüften in die erde, und erst, nachdem das jahr verflossen ist, gelingt es dem bischof Herbert den bann zu lösen.

### 7. Fazetien und rätsel.

Nach diesen ausführungen kehre ich wieder zu meiner eigentlichen aufgabe zurück und gelange zu einigen arten von

---

¹) Spelman, Concilia bd. I, p. 477.
²) Canones Edgari, kap. 18. Thorpe, p. 397.
³) cf. William of Malmesbury bd. I, p. 204.

unterhaltung, die, wenn sie auch in der schriftlichen überlieferung weniger raum einnehmen, doch auch sehr beliebt sein mufsten: die fazetien und rätsel. Dafs keines der genannten weder ein grofses historisches, noch poetisches interesse beanspruchen konnte, ist klar; doch mochten sie deswegen im intimen verkehr von hoch und niedrig nichts desto weniger eine grofse rolle spielen.

Überall und zu allen zeiten sind witzige bemerkungen gemacht und nacherzählt worden. Witze, anekdoten, kleine abenteuer, anstöfsige geschichten aller art sind sicher nicht erst mit Chaucer in die englische literatur gekommen. In Frankreich hat dieser geist, den man gerne als den 'Esprit gaulois' bezeichnet, von der mitte des 12. jahrh. bis zur mitte des 14. jahrh. eine menge lustiger geschichten, die Fabliaux, zu tage gefördert, die vorzüglich die bürgerlichen stände ergötzten. Neu waren die stoffe auch damals nicht, sie mochten schon jahrhunderte lang nationales gemeingut sein, doch erhielten sie damals erst ihre bleibende form. Ähnliche erzeugnisse dürfen wir wohl auch für England annehmen, obschon sich nur andeutungen dafür vorfinden. Wenn die bereits erwähnten Concilia Cloveshoviae den mönchen verbieten, spiele und späfse in ihrer gegenwart zu dulden (nec jocos vel ludos ante se permittant) oder befehlen, dafs sie von schändlichen liedern abstehen (quin et a cantilenis turpibus et blasphemis [abstineant]), so stelle ich mir darunter erzählungen anstöfsigen inhalts in versen oder in prosa vor, sei es, dafs sie eigentlich obszön seien oder dafs sie kirche und staat zum gegenstand ihres spottes wählen. Derartige produkte einer niederen spielmannskunst, wenn ich sie so heifsen darf, haben gewifs auch die angelsächsischen biergelage belebt und belustigt. Aufgezeichnet wurden sie jedoch in der regel nicht; das gestattete der gegenstand nicht.

Durch William of Malmesbury hören wir, dafs zur zeit Karls des Kahlen von Frankreich ein witzbold, Duns Scotus, nach England kam, der zuvor mit könig Karl in grofser freundschaft gelebt hatte.

¹) Hujus tempore venit Angliam Johannes Scottus, vir perspicacis ingenii et multae facundiae, qui dudum relicta

---

¹) William of Malmesbury: Gesta Pontificum, p. 392.

patria Frantiam ad Carolum Calvum transierat. A quo magna dignatione susceptus, familiarium partium habebatur. Transigebatque cum eo tam seria quam joca, individuusque comes et mensae et cubiculi erat. Multae facetiae ingenuique leporis, quorum exempla hodieque constant, ut sunt ista: Adsederat ad mensam contra regem, ad aliam tabulae partem. Procedentibus poculis, consumptisque ferculis, Karolus frontem hilarior, post quaedam alia, cum vidisset Johannem quiddam fecisse quod Gallicanam comitatem offenderet, urbane increpuit et dixit: 'Quid distat inter Sottum et Scottum?' Retulit ille sollenne convitium in auctorem et respondit: 'Tabula tantum'.

Einen hinweis auf eine nicht weiter bezeugte fazetienliteratur sehe ich überdies in einem rätsel der Grein'schen sammlung,[1]) das vom hahn und der henne spricht. Ähnlicher art ist das kurze rätsel nr. 45,[2]) das ich hier ebenfalls nicht zitieren kann. Das gleiche publikum, das sich an solchen rätseln ergötzte, wufste wohl einen ganzen schatz skabröser geschichten kennen, die wohl meist in männerkreisen zirkulierten. Der gleiche geist, der diese rätsel gezeitigt hat, ein leichter humor, der gerne lacht und mit wenigem zufrieden ist, hat zu jeder zeit unter gleichen umständen ungefähr die gleichen stoffe zur unterhaltung herangezogen.

Ein schönes stück kulturgeschichte wird uns durch die rätsel überliefert. Viele sind sowohl inhaltlich sehr anziehend, als auch wahrhaft dichterisch empfunden. Sie enthalten die bedeutendsten reste einer älteren naturpoesie. Trotz der unleugbaren nachahmung der rätselsammlungen des Symphosius, Aldhelm, Eusebius und Tatwine,[3]) fehlt es doch nicht an nationalen elementen. Überdies zeigt die angelsächsische umarbeitung der meisten rätsel grofse selbständigkeit des dichters. Während die rätselgedichte des Symphosius nie den umfang von drei hexametern überschreiten, sind die angelsächsischen rätsel von unbestimmter länge, meist bedeutend ausführlicher als die lateinischen vorbilder. Dieses kriterium fällt allerdings für die rätsel, die Aldhelm nach-

---

[1]) Grein, Poesie d. A., bd. II, p. 391.   [2]) ib. p. 392.
[3]) Dietrich in Haupt's Zeitschrift, bd. XI und XII; Grein in Germania, bd. X; für weiteres siehe Wülker, Grundrifs der Angels. Literatur p. 165.

geahmt sind, dahin, da letztere bis zwölf und mehr hexameter
füllen. Die stoffe dieser rätsel sind meist der nächsten umgebung des menschen entnommen; sie behandeln alltägliche
erscheinungen und gegenstände, seltener befassen sie sich mit
personen oder mythen. Doch sehen wir das ergebnis der
Dietrich'schen lösungen! In nr. 1 sieht Dietrich mit Leo den
namen des dichters Cynewulf, dem vielleicht eine grofse zahl
unserer rätsel zuzuschreiben sind, dann kommen in buntem
durcheinander: sturm, mühlsteine, schild, sonne, schwan, nach-
tigall, kuckuck, seepferde, leder, mond, kriegswurfmaschine,
alphabet, weinfafs, mond, eisscholle, ziehbrunnen usw. Da ich
bei anderer gelegenheit schon auf die rätsel zu sprechen gekommen bin, und wieder darauf kommen werde, führe ich
hier nur zwei beispiele an. Zu den schönsten rätseln zähle
ich das von der rohrflöte, es findet sich auch bei Symphosius,
doch hat der angelsächsische dichter durchaus selbständig
gearbeitet und nicht viel mehr als den gegenstand entlehnt.
Das lateinische vorbild hat:

[1]) Dulcis amica dei, semper vicina profundis
suave canens musis, nigro perfusa colore;
nuntia sum linguae, digitis signata magistri.

Vergleichen wir damit die poetische ausgestaltung im
Angelsächsischen:

[2]) Ic wäs be sande saewealle neáh
ät merefaroðe, minum gewunade
frumstaðole fäst; feá aenig wäs
monna cynnes, þät minne þaer
on ánaede eard beheólde,
ac mec uhtna gehwäm ýð sió brúne
lagufäðme beleólc. Lyt ic wénde,
þaet ic aer oþþe sið aefre sceolde
ofer meodu-[bence] múðleás sprecan,
wordum wrixlan. Þät is wundres dael
on sefan searolic þám þe swylc ne conn
hú me seaxes ord and seó swíðre hond,
eorles ingeþonc and ord somod

---

[1]) Haupt's Zeitschrift, bd. XI, p. 452 ff.
[2]) Grein, Poesie d. A., bd. II, p. 397.

þingum geþýdan, þät ic wið þe sceolde
for unc ánum twám aerendspraece
ábeódan bealdlíce, swá hit beorna má
uncre wordcwidas wíddor ne maendon.

¹) Ich war am sande dem seeufer nah,
am meeresgestade stand ich, das meine
erste wohnung war; wenige sind nur
des menschengeschlechts, die meine stätte
dort in der einöde mit augen sahen;
es badete jede frühzeit mit feuchtem busen mich
die dunkle welle. Wenig dachte ich,
daſs ich spät oder früh je sprechen sollte,
mundlos über die metbank hin
worte wechseln; ein wunder ist es
seltsam dem sinne, der solches nicht weiſs,
wie mich des messers schärfe und des meisters hand,
der scharfsinn des mannes mit der schneide vereint,
dazu drängten, daſs ich dir sollte
kühnlich entbieten botschafts sprache,
so unter uns, daſs der irdischen mehrere
nicht weiter sprächen unsre wortsprüche.

Als zweites beispiel lasse ich ein rätsel folgen, das vielleicht am ehesten von fremder beeinflussung freigesprochen werden darf, da in dem drachen, der den hort bewacht, ein germanischer zug, vermutlich eine reminiszenz aus Beowulf ist.

²) Ic seah wraetlíce wuhte feower
samed síðian: swearte waeran lástas,
swaðu swíðe blacu. Swift wäs on fóre
fuglum frumra fleotgan lyfte;
deáf under ýðe, dreág unstille
winnende wiga, se him wegas taecneð
ofer fäted gold feówer eallum.

³) Ich sah wunderbar der wesen viere
zusammen wandern: schwarz waren ihre spuren,
gar finster ihre fährte. Auf der fahrt war behende,

---

¹) Haupt's Zeitschrift, bd. XI, p. 452 ff.
²) Grein, Bibliothek, bd. II, p. 393.
³) Grein, Dichtgn., bd. II, p. 233 ff.

schneller denn die vögel ein schwimmer in den lüften:
es tauchte unter wasser und betrug sich unstille
der fechtende kempe, der die fahrt bezeichnete
allen vieren zugleich über feifstes gold.

## 8. Würfel und brettspiele.

Gedenken wir schliefslich noch der würfelspiele, die unter den Angelsachsen sehr beliebt waren. Zwar sieht die kirche den hang zu solchen vergnügen ungern und verbietet sie den geistlichen durchaus. Wir wissen durch Gottfried von Monmouth, dafs das würfelspiel bereits ein nationalübel der alten Britten war. So warnt Cador den könig, dafs das volk durch langen frieden feige und untüchtig werde, dafs es den gebrauch der waffen vergesse und sich dafür mit würfeln und weibern abgebe:

[1] Hucusque in timore fueram, ne Britones longa pace quietos, otium quod ducunt ignavos faceret: famamque militiae, qua ceteris gentibus clariores censentur, in eis omnino deleret. Quippe ubi usus armorum videtur abesse, alearum vero et mulierum inflammationes, ceteraque oblectamenta adesse: dubitandum non est, quin id quod erat virtutis, quod honoris, quod audaciae, quod famae, ignavia commaculet.

König und bischöfe sehen sich wiederholt genötigt, wenigstens der geistlichkeit das würfelspiel zu untersagen. Ich erinnere auch hier wieder an die leidenschaftliche zurechtweisung, die könig Edgar dem klerus zu teil werden läfst:

[2] Ibi aleae, ibi saltus et cantus, ibi usque ad medium noctis spatium protractae cum clamore et horrore vigiliae.

Edgar erläfst in der folge die bestimmung:

[3] We lærað þ preóst ne beó hunta, ne hafecere, ne taeflere ac plege on his bócum, swa his háde gebirað:

Wir gebieten, dafs ein priester nicht jäger, noch falkner oder würfelspieler sei, sondern er beschäftige sich mit seinen büchern, wie es seinem stande geziemt.

---

[1] Geoffrey of Monmouth: Hit. Reg. Brit. Lib. IX, Cap. XV.
[2] Chronik Ethelred's in: Twisden's Hist. Anglicanae Scriptores X, bd. I, p. 360.
[3] Canones Edgari Cap. 64 in Thorpe's. Ancient Laws and Institutes, p. 401.

Ein verhältnismäfsig spätes zeugnis ist uns in den Gesta Pontificum Anglorum überliefert. William of Malmesbury berichtet, der erzbischof Lanfranc, der bald nach der eroberung, im jahre 1070, von könig Wilhelm den sitz zu Canterbury erhalten hatte, habe eine sehr lockere disziplin vorgefunden, die mönche seien dem trunke und spiele ergeben gewesen — tesseras quatere, potibus indulgere —, doch habe sie Lanfranc nach und nach wieder zur enthaltsamkeit und frömmigkeit zurückgebracht.

Nach welchen regeln die angelsächsischen würfelspiele vor sich gingen, ist uns unbekannt, doch schliefse ich aus verschiedenen tatsachen, dafs es sich nicht nur um möglichst hohe würfe oder gewisse kombinationen von zahlen handelte, sondern dafs oft auch der gewandtheit des spielers spielraum geboten wurde. Vermutlich waren mit dem würfeln brettspiele verbunden, wie z. b. das englische Backgammon oder das deutsche Tricktrack, wobei der glückliche ausgang des spiels nicht nur vom zufall, sondern auch vom spieler selbst abhängig war. Wenn es in "der menschen gaben" heifst: Sum bið hräd täfle, so übersetze ich das wie Grein durch: einer ist gewandt im würfelspiel. Die gewandtheit setzt aber die möglichkeit eigener betätigung, individueller leistung voraus, was beim blofsen werfen der würfel nicht der fall ist. Einen fernern beweis für meine vermutung sehe ich in einer stelle der Exeter denksprüche:

[1]) Hy twegen sceolon täfle ymbsittan, þenden him hyra
    torn tóglíde,
forgietan him þára geócran gesceafta, habban him
    gomen on borde,
idle hond aemet longe
täfles monnes, þonne teóselum weorpeð.

Die beiden sollen beim würfelspiel sitzen, wobei ihr
    zorn schwindet,
sie sollen die harten geschicke vergessen, sie haben
    ihr spiel auf dem tische;
träg ist die hand, lang hat sie weile,
des spielers, wenn er die würfel wirft.

[1]) Grein, Bibliothek, bd. II, p. 345, v. 182 ff.

Dafs die spieler ihre umgebung vergessen, dafs ihre hand lange untätig bleibt, das alles scheint mir darauf hinzudeuten, dafs die denktätigkeit und die aufmerksamkeit der spieler in hohem mafse angestrengt war, dafs die verschiedensten kombinationen möglich, zu finden oder zu vermeiden waren. Leider kann ich nicht mehr als eine vermutung bringen, da mir jegliche angabe über den spielbetrieb fehlt. Die chronik Gaimar's berichtet uns zwar, das schachspiel sei ebenfalls schon in angelsächsischer zeit bekannt gewesen. Die situation ist dort wie folgt: König Edgar hat von der grofsen schönheit von Aelfthryth, der tochter seines vasallen Ordgar gehört und will sie zur frau nehmen, wenn die wirklichkeit der schmeichelhaften beschreibung entspricht. Um sich dessen zu vergewissern, sendet er Aethelwold, der Ordgar beim schachspiel findet:

[1] Ordgar inout a un esches
Un giu kil aprist des Daneis:
Od lui inout Elstruet la bele;
Suz ciel nout donc tele damesele.

Da die chronik Gaimars sehr späten datums ist und durchaus französisches muster verrät, so darf dieser vereinzelten angabe wohl keine bedeutung beigemessen werden. Wir besitzen eine umfangreiche untersuchung über das schachspiel von Ant. van der Linde. Der verfasser kommt darin in bezug auf die herkunft des spieles zu folgendem schlusse: "Das schachspiel kann frühestens im 9. jahrh. in Arabien bekannt und allgemein beliebt worden sein; ja wir besitzen ein zeugnis, das uns zögern läfst, die allgemeine verbreitung in Arabien so früh anzusetzen. .... Die älteste europäische urkunde des schachspiels repräsentiert das arabisch-spanische schach, eine kostbare pergamenthandschrift in der bibliothek des klosters von St. Lorenzo del Escorial." Die zweite hälfte des 12. jahrh. führt uns nach Frankreich und England. Der englische gelehrte Alexander Neckam, der 1157 zu St. Albans geboren wurde, und 1217 als abt von Cirencester zu Kempsey bei Worcester starb, schrieb eine umfangreiche abhandlung "de naturis rerum". Sie war bereits am ende des 12. jahrh. vielfach

---

[1] Gaimar, bd. I, p. 153, v. 3655 ff.
[2] Antonius van der Linde: Geschichte und Lit. d. Schachspiels, bd I, p. 137.

bekannt und wohl 1180, zu welcher zeit Neckam in Paris mit auszeichnung lehrte, entstanden. Mit Neckam ist das schachspiel für England zu anfang des 13. jahrh. gesichert, in welcher zeit auch ein isländischer schriftsteller es kannte.

Ich habe geflissentlich unterlassen, auf die dramatischen bestrebungen der Angelsachsen hinzuweisen; es ist uns tatsächlich nicht möglich, irgendwelche theatralische aufführungen in angelsächsischer zeit nachzuweisen. Auch Wülker kommt zu einem negativen resultat, obschon ja die verschiedenen dialoge in der angelsächsischen literatur den gedanken an eine primitive schauspielkunst nahe legen.

### 9. Der weitere verlauf der gelage.

Nachdem ich nun die vergnügungen der methalle, wie sie mir in geschichte und dichtung entgegentreten, behandelt habe, alle die unterhaltungszweige, die man unter dem titel "In-door Amusements" zusammenfassen könnte, wie Wright es tut, — denn musik, rätsel, würfelspiel u. s. f. sind nicht nur ein privilegium der reichen und mächtigen —, versuche ich noch den weitern verlauf der gelage zu skizzieren. Es ist anzunehmen, dafs die frauen sich frühe aus der methalle zurückzogen. Ihre pflicht war es, den geladenen freundlichen willkomm zu entbieten und ihnen, sowie dem herrn des hauses, den becher zu reichen, dann mochten sie wohl an der seite des gatten den erzählungen fern gereister helden oder dem liede des sängers zuhören, sobald aber das treiben ungebundener und freier wurde, entfernten sie sich aus dem kreise. Diese notwendige folgerung wird übrigens durch eine stelle in Beowulf gestützt, wo es heifst, Hroþgar habe das gelage verlassen, um Wealhþeow (die am anfang auch in Heorot war), aufzusuchen.

[1]) Wolde wigfruma Wealhþeó sécan
    cwén tó gebeddan
[2]) der kampfesherr wolde Wealhþeow aufsuchen,
    die frau zur bettgenossin.

Man glaubt sich mitten unter die zecher versetzt bei der lebhaften, anschaulichen beschreibung des gelages, das auf den

---

[1]) Beowulf, v. 665 ff.
[2]) Die Heine'sche übersetzung ist gerade im entscheidenden punkte ungenau; ich gebe daher eine wörtliche übertragung.

sieg Beowulfs folgt: Der sänger hat seine erzählung beendigt.
Alle die aus rücksicht oder interesse am stoff während des
gesangs gröfste ruhe beobachtet haben, verlangen wieder zu
trinken; jeder diskutiert mit seinen nachbarn, je mehr die
zeit fortschreitet, desto lauter wird der lärm:

> [1] Leóð wäs ásungen,
> gleó-mannes gyd. Gamen eft ástáh,
> beorhtode benc-swég, byrelas sealdon
> win of wunder-fatum.
>
> Geendet war das lied,
> des dichters spruch, und wieder stieg empor
> der reden rauschen und es tönte lieblich
> der jubel von den bänken. Schenke trugen
> in herrlichen gefäfsen wein herzu.

Waren die Germanen schon im allgemeinen als leistungs-
fähige trinker bekannt, so kam den Angelsachsen dieser ruf
noch in erhöhtem mafse zu. Wir hören vom heiligen Bonifacius, dafs weder die Franken, noch die Gallier, Römer oder
Longobarden es ihnen gleich taten:

> [2] Vae vobis, qui potentes estis ad bibendum vinum et
> viri fortes ad miscendam ebrietatem. Hoc enim malum
> speciale est paganorum et nostrae gentis. Hoc nec Franci,
> nec Galli, nec Longobardi nec Graeci faciunt.

Überall wird gegen dieses nationalübel gepredigt, überall zur
enthaltsamkeit aufgefordert. Die sog. Proverbia Alfredi, die
in ihrer jetzigen fassung zwar erst dem 12. jahrh. angehören,
in ihrer grundform aber doch angelsächsisch sein können, raten
zu einem mittelweg: trinken oder nicht trinken, eines ist so
klug wie das andere; doch soll niemand trinken bis er den
verstand verliert (d. h. die kontrolle über seine handlungen).
Wenn er am morgen unzurechnungsfähig ist, so hält die sorge
bei ihm einzug:

> [3] Þus quad Alfred.
> Drunken and undrunkin

---

[1] Beowulf, v. 1160 ff.
[2] Bibliotheca Rer. Germanic. bd III, p. 240.
[3] Proverbia Alfredi in Dialogue of Salomon and Saturn by J. Kemble p. 234.

eþer is wisdome wel god,
þarf no mon drinkin þe lasse,
þan he be wid ale wis;
ac (if) he drinkit
and desiet þere amorge,
so þat he for drunken
desiende werchet,
he sal ligen long auicht
litil sal he sclepen
him sugh sorege to,
so deð þe salit on fles
suckit þuru is liche
so dot liche blod; etc.

In erster linie befiehlt die geistlichkeit ihren angehörigen von diesem laster abzustehen und, wenn möglich, andere davon abzubringen. Die mehrfach erwähnte stelle aus dem Sermo Regis Edgari zeigt, wie nötig das einschreiten oft war: [1] dicam .... quomodo diffluant in commessationibus et ebrietatibus. In einem briefe ermahnt Alcuin den bischof Higbald, seinen geistlichen, ein vorbild der nüchternheit und enthaltsamkeit zu geben: [2] In te exemplum sit totius sobrietatis et continentiae und Wulfstan, der spätere bischof von Worcester wird von William of Malmesbury als ein muster der enthaltsamkeit, zugleich aber auch der toleranz angeführt, denn während die andern zu allen tagesstunden aus vollen bechern zechten, hatte er selbst das kleinste gefäfs und führte auch dieses nur zum schein an den mund, forderte aber seine mitbrüder auf, lustig zu sein.

[3] Cibi et potus, ut ante dixi, erat abstinens, quamvis in aula ejus, pro more Anglorum, totis post prandium biberetur horis. Cum quibus ipse assidens psalmos ruminabat, ordine tamen suo se bibere simulabat. Hauriebant alii spumantes pateras; ipse vasculum minutissimum tenens, eos ad hilaritatem invitabat, magis consuetudini patriae quam iuditio satisfatiens animi.

---

[1] Twisden's Historiae Script. Decem, bd. I, p. 360.
[2] Monum. Alcuiniana Ep. 81, p. 357 in Bibl. Rer. Germ., bd. VI.
[3] William of Malmesbury: Gesta Pontificum, p. 281.

Von könig Edgar haben wir zwei erlasse gegen die trunksucht der priester:

¹) Gyf preóst ofer-druncen lufige, oþþe gliman oþþe ealuscop wurde, gebéte þ.

²) Gyf hwylc bisceop · oððe mässepreóst · oððe aenig gehádod man · hine sylfe raedlice oferdrince · oððe þäs geswíce · oððe his hádes þolige.

Wenn irgend ein bischof, oder mefspriester oder überhaupt ein geweihter mann sich vorsätzlich betrinkt, so lasse er davon ab, oder verlasse seinen stand.

Sind die gemüter bereits erhitzt und bier oder wein in reichem mafse geflossen, so ermannt sich mancher zu einer tat, zu der ihm in nüchternem zustand der mut fehlte. Die vasallen Hroðgars, die lange gezaudert haben, den kampf mit dem ungetüm aufzunehmen, erwarten endlich am schlusse eines trinkgelages den unhold in der hirschhalle und büfsen ihren versuch mit dem leben.

³) Ful oft gebeótedon beóre druncne
ofer ealo-waege óret-mecgas,
þät hie in beór-sele bidan woldon
Grendles gúðe mid gryrum ecga.

Wie oft gelobten meine helden, wenn sie
vom biere trunken übern becher safsen,
dafs sie im saale mit der schwerter graus
den kampf bestehen wollten gegen Grendel.

Wie es in später stunde etwa gehen mochte, zeigt uns der dichter der Judith in überaus lebendiger weise. Sein Holofernes ist ein Angelsachse vom kopf bis zum fufs: er läfst ihn poltern, lärmen, lachen und schreien, wie er wohl selbst die zecher oftmals beim gelage gesehen hatte.

⁴) þa wearð Holofernus,
goldwine gumena, on gytesálum;

---

¹) Thorpe, Anc. laws and Insts. p. 118: The law of the North Priest § 41 (cf. p. 35).
²) ib. Canones dati sub Edgaro Rege, p. 401, ann. J.
³) Beowulf, v. 480 ff.
⁴) Kluge, Lesebuch, p. 104, v. 21 ff.

hlóh and hlýdde, hlynede and dynede,
ðät mihten fíra bearn, feorran gehýran,
hú sé stíðmóda styrmde and gylede,
modig and medugal;
   [1]) Da war Holofernus
der goldfreund der männer in gufsfreude;
er lachte und lärmte, schrie laut und tobte,
dafs des volkes kinder fernhin mochten hören,
wie da der starkgemute stürmte und jubelte,
mutig und metgeil:

Die unmäfsigkeit weckt allerlei böse leidenschaften im menschen, den einen stachelt sie zur unzucht, das ist der fall mit Holofernes, der die schöne Judith in sein zelt bringen läfst, andre reizt sie zu zank und streit und unüberlegten taten.

   [2]) bearhtem stígeð
cirm on corðre, cwidescral létað
missenlíce. Swá beóð módsefan
dálum gedaeled, sindon dryhtguman
ungelíce. Sum on oferhygdo
þrymed ringe, þrinteð him on innan
ungeméde mádmód: sindan tó monige þät!
[3]) siteð symbelwlonc, searwum laeteð
wíné gewaeged word út faran,
þräfte þringan þrymme gebyrmed
äfestum onaeled oferhygda ful,
niðum nearowrencum.
   [4]) es erhebt sich toben
und geschrei in der schar; sie lassen schrille stimmen
mancherlei ertönen. Die gemüter sind so
vielfach geteilt; die volksmänner sind
ungleich beschaffen. In übermut erhebt
mit macht sich mancher; im innern schwellt ihm
der zwietracht wahnsinn, zu viele sind die.
[5]) er sitzt vom gelage üppig und listvoll läfst er
vom wein erregte worte ausfahren,

---

[1]) Grein, Dichtungen d. A., bd. I, p. 119, v. 21 ff.
[2]) Grein, Poesie der A., p. 211, v. 19 ff.    [3]) ib. v. 40 ff.
[4]) Grein, Dichtgn., bd. II, p. 154, v. 19 ff.
[5]) Grein, Dichtungen d. A., bd. II, p. 154, v. 40 ff.

läfst unfriede eindringen, aufbrausend in kraft
in eifersucht entbrannt, des übermutes voll,
mit kräftigen arglisträuken.

Hier und da geht die mafslosigkeit so weit, dafs der metlustige mit dem leben büfsen mufs:

[1]) Sum sceal on beóre þurh byreles hond
meodugál mæcga: þonne he gemet ne con
gemearcian his múðe móde sine,
ac sceal ful earmlíce ealdre linnan
dreógan dryhtenbealo dreámum biscyred
and hine tó sylfcwale secgas nemnað,
mænað mid múðe meodogáles gedrinc.

[2]) Mancher soll beim biere werden durch des bier-
schenken hand
ein metlustiger mann; kein mafs kann er
durch sein gemüt alsdann dem mund bezeichnen:
aber leidvoll und kläglich soll er sein leben missen,
erdulden das grofse übel, vom jubel geschieden,
und mit dem munde redend von des metlustigen trinken
sagen die helden, dafs er ein selbstmörder sei.

Die bereits genannten Proverbia Alfredi geben den guten rat, betrunkenen aus dem wege zu gehen, wenn man im frieden leben wolle.

[3]) Drunken mon þif þu metes
in weis oþer in stretes
þu gef him þe weie reme
and let him forð gliden
þenne mist þu þi lond
mid frendchipe helden.

Strenge wird der bestraft, der bei einem gelage streit anfängt. Diese tatsache kann uns nicht überraschen, denn einerseits war ja die möglichkeit solcher vorkommnisse sehr grofs, andrerseits war der hausfriede des gastgebers den Angelsachsen heilig, ihn zu verletzen kam den schwersten verbrechen gleich. Schon die gesetzgebung Ine's verfügt:

---

[1]) Grein, Poesie: Be monna wyrdum, bd. I, p. 209, v. 31 ff.
[2]) Grein, Dichtgn., bd. II, p. 157, v. 51 ff.
[3]) Dial. of Salomon and Saturn, p. 245.

>  ¹) Gyf ðonne on gebeorscipe hi geciden, 7 oðer heora mid geþylde hit forbere, gesylle se oðer XXX scill' to wite.
>
>  Wenn sie [beide] beim biergelage zanken und der eine von ihnen es mit geduld erträgt, so gebe der andere [dem könige] 30 schillinge zur strafe.

### 10. Die getränke der Angelsachsen.

Welche getränke wurden an den gelagen hauptsächlich genossen? Ich werde im folgenden nur eine kurze aufzählung geben; das thema liegt etwas abseits, überdies fehlt mir für diese zeit ausreichendes material für eine ausführliche beschreibung. ²) In Beowulf begegnen wir sämtlichen wichtigeren repräsentanten: beor, medu, ealu, wered und win. Es ist schwierig unter den vier ersten einen bedeutungsunterschied zu konstatieren; jedenfalls vermengt die poesie diese begriffe völlig in den zusammengesetzten formen.

>  Heorot wird allnächtlich von Grendel heimgesucht. Da wagen es endlich einige, nachdem sie kräftig dem bier in der kanne zugesprochen haben (ofer ealowaege ³)) und bereits gehörig berauscht sind, (beore druncne ⁴)) im biersaal (beorsele ⁵)) den anbruch der nacht zu erwarten. Doch als der morgen graut, ist die methalle (medo-heal ⁶)) mit blut befleckt.

Oder führen wir noch ein anderes beispiel an:

>  Den Geaten wird in der hirschhalle sofort eine bank eingeräumt. Der mundschenk wartet im biersaal (beor-sele ⁷)) seines amtes und schenkt in die ale-krüge (ealu-waege ⁸)) das süfse bier (wered ⁹)) aus.

Ich glaube indessen, dafs die erwähnten vier bezeichnungen doch wenigstens in zwei gruppen gebracht werden können. Zur einen zähle ich den met, der aus honig bereitet wird und den wered, der wohl ein ähnliches süfses getränk war (das wort hat meist adjektivische funktion und bedeutet einfach süfs); zur zweiten gruppe gehören sodann das ealu und das beor, der eigentliche gerstensaft, den schon Tacitus als nationalgetränk erwähnt.

---

¹) Liebermann, Gesetze der Angelsachsen, p. 93.
²) cf. J. Dickenmann, Nahrungswesen, p. 41 ff.
³) Beowulf, v. 481.   ⁴) ib. v. 480.   ⁵) ib. v. 482.   ⁶) ib. v. 484.
⁷) ib. v. 492.   ⁸) ib. v. 495.   ⁹) ib. v. 496.

¹) Potui humor ex hordeo aut frumento in quadam similitudinem vini corruptus. Proximi ripae et vinum mercantur.

Ich bin nicht im stande festzustellen, welcher unterschied zwischen beor und ealu gemacht wurde; dafs aber vielerorts ein solcher bestand, scheint mir aus einer stelle bei Aelfric hervorzugehen, wo er von Johannes dem täufer spricht:

²) Johannes se Fulluhtere ne dranc naðor ne win ne beor ne ealu.

Der konsum sowohl an met, als an bier, mufs sehr grofs gewesen sein; das bezeugen uns die sehr grofsen abgaben an bier und honig, die den grundherrn als jahreszins entrichtet werden mufsten. Besonders beliebt scheint das wälsche bier gewesen zu sein, da die gesetze Ine's neben dem gewöhnlichen ale noch ein entsprechendes quantum nach wälscher brauart verlangen.

³) Aet tyn hidum to fostre tyn fata hunies, ðreo huud hláfa, twelf ambra Wylisces ealoð, ðrittig hlutres, etc. Von zehn hiden [zahle der beliehene dem grundherrn] zum unterhalt [als jahreszins] zehn fässer honig, 300 brote, zwölf eimer wälschen biers, 30 hellen bieres etc.

Die Rectitudines singularum personarum, die gegen das ende der angelsächsischen epoche aufgestellt wurden, verteilen die abgaben so, dafs der eine nur honig, ein anderer speise, ein dritter bier u. s. f. zu liefern hat.

⁴) On sumen landa gebur sceal syllan huniggafol, on suman metegafol, on suman ealugafol.

Auf einem landgut mufs der bauer abgabe in honig geben, auf dem andern abgabe in speise, auf dem anderen abgabe in bier.

Wer bienen hält, hat ebenfalls ein entsprechendes quantum honig abzugeben, das wiederum gesetzlich festgestellt ist:

⁵) Beoceorle gebyreð, gif he gafolheorde healt, þæt he sylle ðon lande geraed beo. Mid us is geraed þæt he sylle sustras huniges to gafole; on suman landum gebyreð mare gafolraeden.

¹) Tacitus, Germania, kap. XXIII.
²) Homelies of Aelfric, bd. II, 38, 7.
³) Liebermann, Gesetze, p. 118.   ⁴) ib p 11.   ⁵) ib p 11.

Dem bienenmann, wenn er einen schwarm auf abgabenpflicht hält, kommt zu, dafs er gebe, was auf jenem gute angeordnet ist. Bei uns ist festgesetzt, dafs er fünf hectar honig als abgabe gebe; auf einigen landgütern gebührt sich weitere abgabenpflicht.

Das vornehmere getränk ist indes doch der wein, und wenn Hroðgar beim siegesfest Beowulf's wein ausschenken läfst, so erweist er dem retter des landes dadurch eine ganz besondere ehre. Auch Holofernes trinkt mit seinen genossen wein, was jedoch den dichter nicht hindert, eine alte, hier wenig passende metapher anzuwenden und ihn medugal zu heifsen. Einer der schüler in Aelfric's Colloquium ist der ansicht, dafs der wein eigentlich ein getränk für alte und weise leute sei und überdies sei er nur der reicheren klasse vergönnt; er selbst begnügt sich mit ale und behilft sich auch mit wasser, wenn es an letzterem fehlt.

[1]) And hwät drincst þu?
Ealu, gif ic häbbe, oþþe wäter, gif ic näbbe ealu.
Ne drincst þú wín?
Ic ne eom swá spédig, þaet ich maege bycgean me wín;
and wín nys drinc cilda ne dysigra ac ealdra and wísra.
Und was trinkst du?
Bier, wenn ich welches habe, oder wasser, wenn ich kein bier habe.
Trinkst du keinen wein?
Ich bin nicht so reich, dafs ich mir wein kaufen kann; und wein ist kein getränk für junge und dumme leute, sondern für alte und weise.

Der wein wurde teils im lande selbst gezogen, teils importiert. Gloucestershire soll zufolge William of Malmesbury ein besonders gesegneter himmelsstrich gewesen sein und sich trefflich für den weinbau geeignet haben. Der chronist hebt hervor, dafs man denselben trinken könne, ohne allerlei unfreiwillige grimassen dazu zu schneiden.

[2]) Regio plus quam aliae Angliae provintiae vinearum frequentia densior, proventu uberior, sapore jocundior. Vina

---

[1]) Leo, Sprachproben, p. 14.
[2]) W. of Malmesbury, Gesta Pontificum, p. 292.

enim ipsa bibentum ora tristi non torquent acredine, quippe quae parum debeant Gallicis dulcedine.

Beim kloster Malmesbury soll Constantin, ein griechischer mönch, ebenfalls einen weinberg angelegt haben:

¹) Hic (Constantinus) primus auctor vineae fuit, quae in colle monasterio ad Aquilonum vicino sita, plures duravit annos.

In einer sammlung von ratschlägen für die landwirtschaft finden wir die angabe, dafs weinberge im frühjahr gesetzt und gegraben werden sollen:

²) [Me mäg] on längtene ... wingeard settan, dician etc.

Schliefslich beschäftigt sich auch eine angelsächsische bauernregel mit dem gedeihen der weinberge:

³) Gif he bið on monandeg se middes wintres messe daeg · þonne bið gemenged winter · and god lengten and windig sumer and ystig and beoð gode wingeardas and swið feorme mannum.

Wenn die wintermesse auf einen montag fällt, so ist der winter unbeständig und der frühling gut und der sommer windig und stürmisch, und die weingärten gedeihen gut und kräftig die früchte den menschen.

Wenn auch die bereits erwähnten weine in Gloucestershire den gallischen an qualität nicht sehr nachstanden, so wurden diese doch mit vorliebe getrunken und in grofsen quantitäten importiert. Auch der kaufmann des Colloquium Aelfrici, der in überseeischen ländern handel treibt, bringt wein und öl nach hause.

⁴) Magister: Hwylce þing gelaedst þú ús?

Mercator: Pällas and sidan, deorwyrðe gimmas and gold, seldcuðe reáf and wyrtgemang, win and ele etc.

Mag.: Welche dinge bringst du uns?

Merc.: Gewänder und seide, kostbare gemmen und gold, seltene tücher und wohlriechende kräuter, wein und öl etc.

---

¹) W. of Malmesbury, Gesta Pontificum, p. 446.
²) Liebermann, Gesetze, p. 454.
³) Saxon Leechdoms etc., bd. III, p. 162.
⁴) Leo, Sprachproben, p. 11.

## 11. Festliche anlässe.

Sehen wir zum schlusse noch, welches die festlichen anlässe bei den Angelsachsen waren. Wie unsere heutigen feste konnten sie entweder von der kirche festgesetzt sein, sie feierten jährlich wiederkehrende ereignisse, oder sie waren, wie die schwertgabe, totenfeier, gastmähler und so fort, dem zufall anheim gegeben. Die kirchlichen festtage sind in der gesetzgebung Alfred des Grofsen folgendermafsen angeordnet.

[1]) Eallum frioum mannum ðas dagas sien forgifene, butan þeowum monnum 7 esnewyrhtan: XII dagas on gehhol 7 ðone däg þe Christ ðone deofol oferswiðde 7 scs. Gregorius gemynddaeg 7 VII dagas to eastron 7 VII ofer 7 an däg ät sce. Petres tide 7 sce. Paules 7 on härfeste þa fullan wican aer sca. Marian maessan 7 ät Eallra haligra weorðung eanne däg; 7 IIII Wodnesdagas on IIII ymbrenwicum ðeowum mannum eallum sien forgifen, þam þe him leofost sie to sellanne aeghwät ðäs ðe him aenig mon for Godes noman geselle oððe hie on aenegum hiora hwilsticcum gearnian mäg.

Allen freien leuten seien folgende tage freigegeben, (jedoch nicht unfreien leuten und lohnarbeitern): 12 tage zu weihnachten und der tag, da Christus den teufel überwand und des heil. Gregor gedächtnistag und 7 tage zu ostern und 7 nachher und ein tag zu des heiligen Petrus und des heil. Paulus fest und im herbst die volle woche vor der heil. Maria messe und zu aller heiligen ehre ein tag; und 4 Mittwochen in den 4 quatemberwochen seien allen unfreien leuten freigegeben, um dem, der ihnen der liebste ist, etwas davon hinzugeben, was [entweder] ihnen irgend jemand in gottes namen schenkt oder sie [selbst] in einigen [freien] augenblicken verdienen können.

Unter den kirchlichen festen eigneten sich wohl das weihnachts- und das auferstehungsfest am besten für eine fröhliche feier. Während mir belege für das erstere fehlen, bezeugt Gottfried von Monmouth, dafs das auferstehungsfest bei hofe mit grofsem aufwand gefeiert wurde. König Uther lud die grofsen seines reiches mit ihren frauen und töchtern nach

---

[1]) Liebermann, Gesetze. Text nach E p. 78, Übersetzg. p. 79.

London und fand besondern gefallen an Igerna, der gattin des herzogs von Cornwall, deren schönheit in Britannien nicht ihres gleichen hatte.

¹) Festo etiam paschali superveniente: praecepit proceribus regni in eandem urbem (Londoniam) convenire, ut sumpto diademate tantum diem cum honore celebraret. Paruerunt ergo cuncti, et diversi ex diversis civitatibus venientes, instante festivitate convenerunt. Celebravit itaque solennitatem rex ut proposuerat: et gaudio cum proceribus suis indulsit. Laetitiam agebant cuncti: quia ipsos laeto animo rex receperat. Advenerant namque tot nobiles cum conjugibus et filiabus suis, laeto convivio digni. Aderat in ceteris Gorlois dux Cornubiae, cum Igerna conjuga sua, cujus pulchritudo mulieres omnes totius Britanniae superabat. Cumque inter alias inspexisset eam rex, subito amore illius incaluit etc.

Unter den jährlich wiederkehrenden festen verstehe ich weihnachts- und osterfest, ernteschmaus, das gufsmahl beim pflügen usw. Ob mit einem der genannten noch ein besonderer feierlicher akt verbunden war, wie das heute noch in vielen gegenden bei der kornernte der fal ist, bin ich nicht in der lage festzustellen. Die Rectitudines Singularum Personarum erwähnen nur, dafs wer etwas auf seine ehre halte, an den genannten tagen mit speise und trank nicht knauserig sein solle. Es wird indes ausdrücklich bemerkt, dafs diese gebräuche in den einzelnen landesteilen wieder verschieden gehandhabt werden.

²) Feola syndon folcgerihtu: on sumre ðeode gebyreð winterfeorm, Easterfeorm, bendform for ripe, gytfeorm for yrðe, maeðmed, hreacmete, æt wudulade waentrcow, æt cornlade hreaccopp 7 fela ðinga, ðe ic getellan ne maeig.

Vielerlei sind die gerechtsame des volkes: in mancher gegend gebührt weihnachtskost, osterkost, kost bei geheifsfrohn zur ernte, gufsmahl [trinkfest] fürs pflügen, mahllohn, heuschober-essen, beim holzverladen von jedem wagen [1] baum, beim kornverladen die feimenkuppe und viele dinge, die ich nicht aufzählen kann.

---

¹) Galfredi Monumetensis Historia Britonum, Lib. VIII, Cap XIX p. 150
²) Liebermann, Gesetze, p. 452 ff.

Eine reminiscenz eines heidnischen sommerfestes möchte ich in einem zitat aus dem "Chartulary of Barnwell Abbey" sehen, das ich Wright[1]) verdanke. Das betreffende Cartularium berichtet, dafs sich die jungen leute des ortes am vorabend vor dem feste Johannes des täufers auf einem ebenen platze, unweit von Cambridge, zu allerlei spiel und unterhaltung versammelten. Nun fällt nach der heutigen zeitrechnung dieser tag in unmittelbare nähe des sommersolsticium's, ein ereignis, das im germanischen altertum eine wichtige rolle spielte. Die vermutung scheint mir naheliegend, dafs diesem spätangelsächsischen brauche eine wirklich historische tatsache zu grunde liege. Das betreffende dokument ist noch in anderer hinsicht interessant. Es berichtet, zu diesem anlafs seien nach und nach auch krämer gekommen; es habe sich eine grofse menge von käufern und verkäufern auf dem platze angesammelt. Wir können darin eines der frühesten zeugnisse von jahrmärkten sehen.

[2]) Pueri et adolescentes, .... illic convenientes, more Anglorum luctamina et alia ludicra exercebant puerilia, et cantilenis et musicis instrumentis sibi invicem applaudebant unde propter turbam puerorum et puellarum illic concurrentium, mos inolevit, ut in eodem die illic conveniret negotiandi gratia turba vendentium et ementium.

Als besondere, nicht an bestimmte zeitpunkte gebundene feste, erwähne ich die schwertgabe, krönung, totenfeier, siegesfeste und gastmähler. Wir haben allen grund anzunehmen, dafs die schwertgabe, das heifst die aufnahme eines jünglings (cniht) in die schar der tapfern degen (þegnas, eorlas, cempan etc.) ein wichtiger und besonders feierlicher akt war. Es war der tag, wo in Sparta der knabe zum epheben gemacht wurde; nach modernen begriffen der rekrutierungstag. Die erinnerung an dieses fest mufste dem angelsächsischen andenken teuer sein. So droht Wiglaf denen, die Beowulf im kampf mit dem drachen feige verlassen wollen, dafs ihnen in zukunft die schatzverteilung und die schwertgabe versagt sein werde und sie ehrlos das land verlassen müssen.

---

[1]) Wright, Homes of other days, p. 80.  [2]) ib. p. 80.

¹) Nú sceal sinc-þego ond swyrd-gifu,
eall éðel-wyn eówrum cynne
lufen álicgean:
Nun sei all euerem geschlecht versagt
der schwerter und der lichten schätze spende,
der heimat und des angestammten sitzes
genuss.

Eindrucksvoll und würdig gestaltet sich die totenfeier bei den Angelsachsen. In ältester zeit wurden die leichen nicht bestattet, sondern verbrannt; erst mit der christlichen lehre kam ein neuer modus auf. Auch Beowulf's überreste werden dem feuer übergeben, und die klagen der krieger vermengen sich mit dem prasseln der lohe. Die Geaten errichten ihm einen grabhügel am meeresufer, der weit hinaus in die see sichtbar ist; den hügel umgeben sie mit einer mauer und vertrauen ihm die asche ihres königs an. Zugleich auch bergen sie darin den reichen schatz, den der wurm seit alten zeiten gehütet hat. Dann umreiten zwölf adelige den hügel. preisen die heldentaten des toten und klagen um seinen hinschied:

²) Ongunnon þá on beorge bælfýra mæst
wigend weccan: wudu-réc ástáh
sweart ofer swioðole, swógende lég,
wópe bewunden (windblond geláég)
oð þæt hé þá bán-hús gebrocen háfde.

---

¹) Beowulf, v. 2885 ff. Die erzählung der krönung Artur's, die Gottfried von Monmouth bietet, führe ich mit der nötigen reserve an, denn abgesehen davon, dafs dem Artusstoffe jegliche historische wahrheit abgesprochen wird, scheint mir ganz speziell die schilderung dieser festlichkeit auf französisches muster hinzuweisen. Immerhin darf vielleicht die beschreibung da, wo sie germanische züge enthält, für uns von einigem werte sein, auf einzelheiten komme ich im zweiten teile meiner arbeit noch zu sprechen. [Geoffrey of Monmouth: Hist Reg. Brit, Lib. IX. Cap. XV, p 173.] Refecti tandem epulis, diversi diversos ludos compositori cum post extra civitatem adeunt. Mox milites simulacrum praelii ciendo, equitrem ludum componunt; mulieres in edito murorum aspicientes, in furides amori flammas amore joci irritant. Alii cum Celtibus, alii cum hasta, alii ponderosorum lapidum jactu, alii cum saxi, alii cum ceterorumque je cum diversitate contendentes quod dici retubat, postposita lite praeterunt Quicumque vero ludi sui victorium adeptus erat, ab Arture largi muneribus ditabatur etc.

²) Beowulf, v. 3144 ff.

hát on hreðre. Higum unróte
mód-ceare maendon, mon-dryhtnes cwealm;
   ¹) Geworhton þá Wedra leóde
hlaew on hliðe, sé wäs heáh ond brád,
wég-liðendum wíde gesýne,
ond betimbredon on týn dagum
beadu-rófes bécn bronda be láfe,
wealle beworhton, swá hyt weorðlícost
fore-snotre men findan mihton.
Hí on beorg dydon bég ond siglu,
eall swylce hyrsta, swylce on horde aer
nið-hýdige men genumen häfdon;
   ²) Þá ymbe hlaew riodan hilde-deóre,
äðelinga bearn ealra twelfa,
woldon ceare cwíðan, kyning maenan,
word-gyd wrecan ond ymb wel sprecan;

Der leichenbrände gröfsten zündeten
die krieger auf dem berge an; es stieg
der holzrauch schwarz empor vom scheiterhaufen,
die sausende von rufen ihrer trauer
gefolgte lohe — nieder lag der wind —,
bis sie des körpers haus zerstört hatte,
in glut die brust verzehrt. Es klagten da
die herzbetrübten ihres herren tod
in tiefem gram;
   Da nun bereiteten der Goten helden
am abhang einen hügel, hoch und breit,
den Wogenschiffern weit hinaus zu sehen,
und bauten völlig innerhalb zehn tagen
das grab des kampfberühmten bei der brandstatt,
umgaben's auch mit einem wall, so würdig,
wie alles weise männer ausgesonnen.
Sie legten in den hügel ring und schmuck
die kleinod alle, wie sie aus dem horte
die kampfesmutigen vorher genommen;
   Da ritten um das grab die streitestapfern,
der edelinge schar, in allem zwölf,

---

¹) Beowulf, v. 3158 ff.    ²) ib. v. 3171 ff.

in kummer klagten sie den könig lobend,
in wahrem spruche sagten sie vom helden
verkündeten sein ritterliches wesen etc.

Während wir im vorigen einen durchaus heidnischen zug haben, gibt die Egils Saga die beschreibung eines christlichen begräbnisses, doch klingen auch hier noch altgermanische vorstellungen mit. Egil kommt, nachdem er die truppen Olafs noch lange verfolgt hat, wieder aufs schlachtfeld zurück, hebt seinen toten bruder Thorolf auf und legt ihn in ein grab, im schmucke der waffen und kleider. An den finger steckt er ihm noch einen goldring und dann singt er die totenklage, die ich auf seite 22 bereits zitiert habe. Indem Egil seinem bruder waffen und schmuck ins grab mitgibt, setzt er wohl ein nachleben, ähnlich dem irdischen voraus, voll kampf und streben nach ehre und auszeichnung.

Vielerorts wurden noch in christlicher zeit opfertiere für die gestorbenen geschlachtet; so schreibt z. b. Papst Zacharias an den heil. Bonifacius, wie er sich gegen priester zu verhalten habe, die immer noch an solchen schmäusen teilnehmen.

[1]) Pro sacrilegis itaque presbiteris, ut scripsisti — qui tauros et hyrcos diis paganorum immolabant, manducantes sacrificia mortuorum, habentes et pollutum ministerium, ipsique adulteri esse inventi sunt et defuncti, — modo vero incognitum esse utrum baptizantes Trinitatem dixissent aut non.

Besondere gelage feiern die rettung des landes von grofser gefahr, wie die mehrmals erwähnte besiegung Grendels. Dann wird die halle besonders festlich geschmückt, mit tüchern ausgekleidet; der mundschenk kredenzt wein statt der üblichen nationalgetränke met und bier. Reicher lohn wird dem sieger für seine heldentat zu teil.

Schliefslich kann auch der besuch eines hohen gastes zu festlichen veranstaltungen anlafs geben. Ich erwähne das beispiel Gottfrieds von Monmouth, der von dem besuch des Britten Vortigern bei Hengest dem Sachsen berichtet. Vortigern, der die trinkgebräuche der Sachsen nicht kennt, weifs nicht, wie er auf den gebotenen willkomm antworten soll. Die trink-

---

[1]) Monumenta Moguntina in Bibliothek der Germanicorum Bd III p. 187. cf. Specht: Gastmähler und Trinkgelage p 14

sprüche, sagt Gottfried, seien noch jetzt dieselben, wie zur zeit jener ersten begegnung:

¹) Ut vero regiis epulis refectus fuit, egressa est puella de thalamo, aureum scyphum vino plenum ferens: accedens deinde propius, regi flexibus genibus dixit: Hlaford king, wacht heil! At ille, visa facie puellae, admiratus est tantum ejus decorem, et incaluit. Deinde interpretem suum interrogavit quid puella dixerat, et quid ei respondere debeat. Cui interpres dixit: Vocavit te dominum regem, et vocabulo salutationis honoravit. Quod autem respondere debes, est: Drinc heil! Respondens deinde Vortigernus: Drinc Heil! jussit puellam portare: cepitque de manu ipsius scyphum et osculatus est eam et potavit: ab illo die usque in hodiernum diem, mansit consuetudo illa in Britannia, quod in conviviis qui potat, ad alium dixit: Wacht heil! qui vero post ipsum recipit potum, respondet: Drinc heil!

---

## B. Sport und unterhaltung im freien.

### 1. Die jagd.

Die jagd war nicht nur das vornehmste vergnügen der alten Germanen, sondern auch in friedenszeiten ihre hauptbeschäftigung. Insofern die ausübung derselben beruflich war und nicht blofs dem vergnügen diente, gehörte sie nicht in den rahmen dieser arbeit. Doch ist es in den meisten fällen unmöglich, einen solchen unterschied festzuhalten; das eine ist innig mit dem andern verbunden; der könig jagt zu seinem vergnügen, die jäger und treiber im gefolge tun es, um ihren täglichen lebensunterhalt dadurch zu gewinnen. Ich habe somit jagd und fischerei in ihrem ganzen umfang, ohne rücksicht auf ihre motive, behandelt.

Heorot, d. h. hirschhalle, hiefs das thinghaus der Geaten; der saal wölbte sich hoch und weit zwischen den geweihen,²) berichtet der sänger des Beowulf. Die trophäen der jagd zierten also den thronsaal Hroðgars, gehörten doch die könige

---

¹) Galfr. Monum. Historia Briton., Lib. VI, Cap. XII, p. 108.
²) Beowulf, v. 81: Sele hlífade heáh ond horngeáp;

selbst zu den eifrigsten jägern, und ihre gewandtheit im waidwerk wird von den chronisten jeweilen besonders rühmend hervorgehoben. Eine gegend Englands, die besonders wildreich war, trägt heute noch den namen Huntingdonshire und Henry of Huntingdon gibt sich die mühe, den namen seiner vaterstadt etymologisch zu erklären: Huntendonia, id est Mons venatorum.[1]) Die angelsächsische dichtung, besonders aber die chroniken, geben uns reichliche anhaltspunkte für den jagdsport und zwar werden begreiflicherweise die königlichen jagden ganz spezieller aufmerksamkeit gewürdigt. Beda berichtet von könig Oswin, er sei von der jagd gekommen und habe sich am feuer gewärmt:

[2]) Porro rex venerat enim de venatu, coepit consistens ad focum calefieri cum ministris.

Alle chronisten stimmen darin überein, dafs könig Alfred ein tüchtiger jäger gewesen sei. Am zuverlässigsten ist wohl das zeugnis Asser's, der unter dem jahre 866 berichtet, Alfred sei mit allen arten des jagens gründlich vertraut gewesen, während er in seinem zwölften jahre noch nicht lesen konnte.

[3]) In omni venatoria arte industrius venator incessabiliter laborat non in vanum: nam incomparabilis omnibus peritia et felicitate in illa arte, sicut et in caeteris omnibus Dei donis fuit: sicut et nos saepissime vidimus.

Ganz ähnlich drücken sich auch Simeon of Durham und Florence of Worcester aus. Matthew of Paris macht hingegen eine erweiterung, auf grund welcher autorität kann ich nicht entscheiden, indem er speziell auch der vogeljagd gedenkt. Vermutlich glaubte dieser späte geschichtsschreiber mit dem:
[4]) "in arte aucupatoria incomparabilis" Alfred ein besonderes königliches attribut zu geben.

Asser berichtet weiter, könig Alfred habe seine jagden bis nach Cornwall ausgedehnt und sei dort in einer kapelle nach aufrichtiger andacht von einem chronischen leiden befreit worden:

[1]) Henrici Huntendonensis Historia Anglorum, p. 178.
[2]) Beda: Historia Ecclesiastica, Lib. III, Cap. 14.
[3]) Asser: Monum. Historica Britannica, p 473.
[4]) Matthaei Parisiensis Chronica Majora, Bd. I, p. 404.

[1]) sed quodam tempore divino nutu antea cum Cornubiam venandi causa adiret et ad quaedam ecclesiam orandi causa divertisset, in qua Sanctus Gueryr requiescit, et nunc etiam Sanctus Niot ibidem pausat ...., diu in oratione tacita prostratus, ita Domini misericordiam deprecabatur, quatenus pro sua immensa clementia stimulos praesentis et infestantis infirmitatis aliqua qualicunque leviori infirmitate mutaret etc.

Seine kinder läfst Alfred zuerst in lateinischer und sächsischer sprache, dann aber auch in der jagd und anderen ritterlichen fähigkeiten unterrichten.

[2])... in qua schola utriusque linguae libri, Latinae scilicet Saxonicae assidue legebantur: scriptioni quoque vacabant, ita, ut antequam aptas humanis artibus vires haberent, venatoriae scilicet et caeteris artibus, quae nobilibus conveniunt, in liberalibus artibus studiosi et ingeniosi viderentur.

Der könig selbst läfst sich weder durch seine zunehmenden körperlichen schmerzen, noch durch die häufigen feindlichen überfälle vom jagdvergnügen abhalten:

[3]) Interea tamen rex inter bella et praesentis vitae frequentia impedimenta, nec non Paganorum infestationes et quotidianas corporis infirmitates, et regni gubernacula regere et omnem venandi artem agere ....

Die jagd bildet gewissermafsen den rahmen einer grofsen anzahl von abenteuern und geschichtlichen ereignissen. So hat nach John of Brompton (einem geschichtsschreiber des 14. jahrh.) der Däneneinfall seine direkte veranlassung in einem jagdabenteuer des königs Osbrith von Northumbrien. Derselbe kehrt im hause eines seiner barone ein, um dort speise zu verlangen und schändet die herrin des hauses. Der entehrte gatte aber zieht zu den Dänen und weifs sie zu einem kriegszug zu bewegen.

[4]) In illo tempore erat quidam rex Northumbriae Osbrith nomine qui moram in Eboraca traxit civitate, de quo superius in fine regum Northumbriae tactum est. Hic vero cum

---

[1]) Asser: Monum. Hist. Brit., p. 484.
[2]) Monumenta Hist. Brit., p. 485.   [3]) ib. p. 486.
[4]) John of Brompton, in Hist. Angl. Scriptores Decem, Bd. I, p. 802.

quadam die causa solacii ad silvam accessisset, in reditu suo ad domum cujusdam sui magnatis Bruern Brocard nomine, ut ibi manducaret, privatim cum simplici familia declinavit.

Ein jagdabenteuer aus dem leben könig Edmund's finden wir in den Memorials of St. Dunstan. Dunstan ist bei hofe in ungnade gefallen und auf anstiften einiger höflinge vertrieben worden. Als kurz darauf der könig auf einer jagd ein rudel hirsche verfolgt, versinkt er plötzlich im schlamm und gelobt in gröfster gefahr sein unrecht gegen Dunstan wieder gut zu machen. Das ganze ist mit grofser breite erzählt; die kirche wollte dadurch die könige fühlen lassen, dafs die schädigung ihrer interessen von gott selbst gestraft werde.

[1]) Ibat itaque rex mox altera die quo se una cum suis more solito jocundaretur venabulo; et dum ad silvas venaturi perveniunt, diversos calles nemorosorum tramitum certatim arripiunt. Et ecce ex multimodo corniculantium strepitu canumque latratu, multi cervorum levem fugam inierunt; ex quibus rex solus cum canum caterva unum sibi venaturus excepit; et hunc diu per diversa devia equina agilitate canumque insectatione fatigavit. Est autem ibi in proximis locis Ceoddri, quoddam inter alia plura praecisi montis praecipitium, mira quidem et immensa profunditate devexum; ad quod idem cervus, nescio quo pacto nisi ex Dei esset occulto arbitrio, fugiendo devenit; et praeceps sese in ima ejusdem praecipitii una cum canibus sequentibus demersit, et particulatim attriti in mortem pariter corruerunt.

Similiter autem et rex sequens cervum et canes, cum magno volantis equi impetu venit, et statim viso praecipitio cursum accelerantis equi quantum quibat viribus conatus est. Sed quoniam colli contumacis et rigidae cervicis erat non potuit. Quid multa? Omni spe vitae suae ablata in manus Dei sui animam commendavit, dicens tamen intra se, "Gratias tibi ago, quod me non memini aliquem his diebus laesisse, nisi solum Dunstanum, et hoc prompta voluntate et vita servata reconcilians sibi emendabo."

Der chronist Ethelred überliefert einen zug seltener güte und grofsmut könig Malcolm's von Schottland. Malcolm hat

---

[1]) Memorials of St. Dunstan, p. 23 ff.

von einer verschwörung gegen sein leben kunde erhalten. Er veranstaltet eine grofse jagd, auf der er sich mit dem verräter geschickt vom übrigen gefolge zu trennen weifs. Als die beiden in einer lichtung angelangt sind, fordert der könig seinen begleiter auf, den anschlag auszuführen, doch jener gesteht unten tränen seine schuld und wird wieder in gnaden angenommen. Die einleitung zu jener scene ist folgende:

[1] Delatum est ei aliquando, quendam de suis proceribus summis de eo occidendo cum suis hostibus convenisse: imperat rex delatori silentium, siluit et ipse, proditoris qui forte tunc aberat expectans adventum. Qui cum ad curiam cum magno apparatu regi insidiaturus venisset, jubet summo mane rex omnes venatores adesse cum canibus. Et jam aurora noctem abegerat, cum rex vocatis ad se cunctis proceribus et militibus, venatum ire festinat, venitque ad latam quamdam planiciem quam in modum coronae densissima silva cingebat. In cuius medio colliculus quidam quasi turgescere videbatur, qui diversorum colorum floribus pulcra quadam varietate depictus, fatigatis venatu militibus gratum singulis diebus praebebat accubitum.

König Edgar lernt nach John of Brompton seine spätere gemahlin Alfrida eines tages auf der jagd kennen. Schon früher hatte er von ihrer schönheit gehört und Ethelwolf hingesandt, damit er sich überzeuge, ob das gerücht war sei. Doch dieser hatte sie verleumdet und, kurz nachdem der könig den gedanken an eine heirat mit ihr aufgegeben hatte, sie selbst zur frau genommen. Die jagd bringt Edgar eines tages in das haus seines vasallen, und eine heftige, andauernde leidenschaft für das schöne weib desselben ergreift ihn. Er weifs den gatten bald unschädlich zu machen und heiratet dann die witwe, obwohl er pate ihres sohnes, also durch bande des blutes mit ihr verwandt ist.

[2] Cum ibi advenisset, in quodam manerio ubi domina morabatur, prope silvam qua cum suis canibus venabatur, hospicium suum cum dicto Ethelwolfo et illa fecit praeparari. Cumque rex de venatione ibi venisset et tempus coenandi

---

[1] Chronik Ethelreds in Twisden's: Hist. Angl. Script. Decem, Bd. I, p. 367.
[2] John of Brompton ib. p. 866.

apropinquasset, sole ad huc clarescente, ecce statim Alfridam et filiolum suum sibi petiit praesentari. Ethelwolfus vero eos coram rege statim venire fecit, sed si indignationem ejus se credidisset evasisse uxorem sibi nullatenus indicasset. Domina vero in conspectu regis adveniens, ipsum reverenter ut decuit salutavit.

Der sohn des soeben genannten königs Edgar wird auf der jagd ermordet, nachdem er erst vier jahre die zügel der regierung gehalten hat. Die jagd bringt ihn in die nähe des hauses, wo sein jüngerer bruder erzogen wird. Er begibt sich ohne begleiter dorthin und wird vom unglück erreicht.

[1]) confirmato ut supra diximus in regno, cum jam tribus tantum annis, et VIII mensibus sceptro haereditario potiretur, forte die quadam cum canibus et equitibus venandi gratia ad silvam accessit, quae juxta villam quae dicitur Warham admodum grandis tunc habebatur; ubi cum aliquandiu incepto negotio insisteret, reminiscens fratris sui Ethelredi ad videndum illum ire disposuit, quia illum puro et fraterno corde diligebat.

Die jagd bot in der tat die beste gelegenheit, eine unbequeme person ohne grofsen lärm aus dem wege zu schaffen. Auch Hagen wartet, bis sich ihm auf der jagd eine günstige gelegenheit bietet, seinen todfeind Siegfried aus dem leben zu schaffen. Von Florence of Worcester erfahren wir, wie herzog Alfhelm auf veranlassung von Edricus Streona durch einen gedungenen mörder auf der jagd getötet wurde.

[2]) Dolosus et perfidus Edricus Streona dolum adversus nobilem ducem Alfhelmum cogitans, apud Scrobbesbyrig magnum ei paravit convivium, ad quod cum invitatus venisset, suscepit eum Edricus quasi suus familiaris amicus: sed insidiis praeparatis, tertio vel quarto die convivii, illum secum venatum in sylvam duxit. Ubi cunctis circa venationem occupatis, quidam Scrobbesbyrigensis carnifex, Godwinus Porthund, id est, 'oppidi canis', quem multo ante donis magnis, multisque promissionibus, pro patrando facinore, excaecaverat Edricus, ex insidiis subito prosiluit et ducem Alfhelmum nefarie peremit.

[1]) John of Brompton, Hist. Angl. Script. Decem bd. I, p. 63.
[2]) Florence of Worcester, in Monumenta Hist. Brit., p. 581.

Eduard der Bekenner lebte in fast klösterlicher einsamkeit und kannte wenige weltliche vergnügungen aufser der jagd, an der er mit ganzem herzen hing.

[1]) Divinis enim expeditus officiis quibus libenter quotidiana intendebat devotione, jocundabatur plurimum coram se allatis accipitribus vel hujus generis avibus, vel certe delectabatur applausibus multorum motuum canibus. His et talibus interdum deducebat diem, et in his tantummodo ex natura videbatur aliquam mundi captare delectationem.

Ganz ähnlichen wortlaut haben die Gesta Regum:

[2]) Unum erat quo in seculo animum oblectaret suum, cursus canum velocium, quorum circa saltus latratibus solebat laetus applaudere, volatus volucrum, quorum natura est de cognatis avibus praedas agere. Ad haec exercitia continuis diebus, post audita mane divina officia, intendebat.

Im jahre 1065 liefs graf Harold in Portskeweth in Wales ein jagdschlofs errichten und gedachte könig Edward zur jagd dorthin einzuladen. Allein kaum stand das gebäude da, so wurde es von den feinden geplündert und wieder zerstört:

[3]) Her on þissum geare · foran to hlafmässan · hét Harold eorl bytlian on Brytlande ät Portascihð · þa þa he hit gegán häfde · and þaer mycel gód to gegaderode · and þóhte þone cyng Eadward þaer to habbane for huntoðes þingon.

Hier liefs in diesem jahre vor dem erntedankfest graf Harold in 'Brytland' bei Portskeweth ein schlofs errichten und sammelte dort viel kostbares gerät und dachte den könig Eduard zur jagd dort zu beherbergen.

Zufolge William of Malmesbury beginnt die vision könig Edgar's mit einer jagdscene:

[4]) Venerat in saltum venationis feracem; utque fit plerumque, sociis ad insequendas feras per devia dispersis, solus remanserat.

Den träumen, in denen eine jagd vorkommt, gibt der volksglaube eine spezielle deutung: Wenn jemand träumt, er sei auf

---

[1]) Lives of Edward the Confessor, p. 414.
[2]) William of Malmesbury, Gesta Regum Angl., bd. I, p. 271.
[3]) Anglo Saxon Chronicle, in Monum. Hist. Brit., p. 458.
[4]) William of Malmesbury, G. R. A., bd. I, p. 174.

der jagd, so nehme er sich vor seinen feinden in acht; desgleichen, wenn er im schlafe hunde sieht, die ihn anbellen.

¹) Gif him þince þ he huntige beorge him georne wið
his fýnd.
Gif him þince þ he hundas geseó and hi hine grétan
beorge him eác wið his fýnd.

Endlich behandelt ein angelsächsisches runenrätsel den jäger, der zu pferde und mit dem falken seinen sport betreibt. Von den vier wörtern, die zum raten aufgegeben sind, ergeben eins, zwei und vier von hinten nach vorn gelesen hors, mon und hafoc, während das dritte wort vega von Thorpe und Dietrich in vegn für vägn umgewandelt wird.

²) Ic seah [somod] S. R. O.
H. hygewloncne heáfodbeorhtne
swiftne ofer saelwong swiðe þraegan:
häfde him on hrycge hildeþryðe
N. O. M. nägledne rád,
A. G. E. V. widlást ferede
rynestrong on ráde rófne C. O.
F. O. A. H. fór wäs þý beorhtra,
swylcra siðfät. Saga hwät ic hätte!

³) Ich sah zusammen S. und O.
nebst dem sinnstolzen R., dem schönhauptigen,
über freudefluren flüchtig rennen.
Das hatte auf dem rücken heerkampfstärke,
N. A. M. genagelten R. E. P. S.
Er eilte gewaltig D. L. E. H., weitwegig führend
rennstark im ritte berühmten K.
L. A. F. Der lauf war um so herrlicher,
die reise solcher. Rate, was ich meine!

Schon in angelsächsischer zeit war der jagdbetrieb durch einen ganzen apparat von gesetzen geregelt. Die umfangreichste sammlung dieser art bilden die Constitutiones Canuti Regis de foresta, die Liebermann ohne weiteres als Pseudo Cnut überschreibt, da sie in ihrer frühesten form etwa auf

---

¹) Saxon Leechdoms, Wortcunning and Starcraft, bd. III, p. 172.
²) Grein, Poesie, bd. II, p. 378.
³) Grein, Dichtgn., bd. II, p. 217.

das jahr 1300 zurückgehen. Die drei redaktionen, die wir kennen, sind aus dem ende des 16. jahrh. Cnut war als gesetzgeber bekannt, hatte auch speziell bestimmungen über die jagd hinterlassen, und so mochte ein späterer forstverwalter der königlichen waldungen auf den gedanken kommen, seinen verordnungen den namen des bekannten Dänen unterzuschieben, um ihnen gröfsere geltung zu verschaffen. Andrerseits ist wohl anzunehmen, dafs diese gesetze auch in ihrer ersten redaktion nicht absolut neu waren, sondern auf bestimmungen basierten, die früher schon da und dort geltung hatten.

Die wirklich authentischen gesetze Cnut's verfügen über die jagd folgendes:

¹) And ic wylle, þæt aelc man si his huntnoðes wyrðe on wuda 7 on felda on his agenan.

7 forga aelc man minne huntnoð, locehwaer ic hit gefriðod wylle habban, be fullan wite.

Und ich will, dafs jedermann seiner jagd teilhaftig sei in wald und feld auf seinem eigen.

Aber jedermann vermeide meine jagd, wo immer ich sie [mit forstbann] umfriedet haben will, bei vollem strafgelde.

Wildfrevel wird schon in der regierungszeit könig Ine's aufs strengste geahndet. Das gesetz bestimmt, dafs ein fremder, der abseits vom wege durch den wald geht und weder ruft, noch das horn bläst, als dieb zu erachten sei und entweder getötet oder gefangen genommen werden könne.

²) Gif feorcund mon oððe fremde butan wege geond wudu gonge 7 ne hrieme ne horn blawe, for ðeof he bið to profianne: oððe to sleanne oððe to áliesanne.

Eine legende aus den Miraculi S$^{ti}$ Dunstani bestätigt, dafs gegen wilddiebe auch da, wo mildernde umstände in betracht kamen, unerbittlich eingeschritten wurde: Ein jäger hat einen hirsch bis in bischöfliches gebiet verfolgt und ihn dort mit einem pfeile erlegt. Der täter wird dafür in ketten gelegt; da er aber ein frommer mann ist, fallen seine fesseln nach zwei jahren von selbst ab.

---

¹) Liebermann, Gesetze, p. 366 nach G.
²) ib. p. 98 nach E.

¹) Ex praecepto siquidem Bajocensis episcopi, quidam vir in vincula conjectus fuerat propterea quod cervum in sylva illius a canibus insectatum, seseque in occursum ejus praecipitem dantem, emissa sagitta occidisset.

Jedenfalls ist anzunehmen, daſs übertretungen der jagdverordnungen je nach dem erlegten wild mehr oder weniger streng bestraft wurden. Da wir keine bestimmten angaben dieser art besitzen, führe ich einige paragraphen des Pseudo-Cnut an und versuche zu zeigen, wie möglicherweise schon früher im übertretungsfalle gerichtet wurde.

²) Si liberalis aliquis feram foreste fugerit, sive casu sive praehabita voluntate, ita ut cursu celeri cogatur fera anhelare, decem solidos regi emendet; si illiberalis dupliciter emendet; si servus careat corio.

Si vero horum aliquis interfecerit, solvat dupliciter et persolvat, sitque pretii sui reus contra regem.

Sed si regalem feram, quam Anglia staggon appellant, alteruter coegerit anhelare, alter per annum unum, alter per duos careat libertate naturali; si vero servus, pro utlagato habeatur, quem Angli frendlaes man vocant.

Si vero occiderit, amittat liberalis scutum liberalitatis; si sit illiberalis, careat libertate, si servus vita.

Episcopi, abbates et barones mei non calumniabuntur pro venatione, si non regales feras occiderint; et si regales, restabunt rei regi pro libito suo, sine certa emendatione.

Sunt alie preter feras foreste bestie, que dum inter septa et sepes foreste continentur emendationi subjacent; quales sunt capreoli, lepores et cuniculi.

Sunt et alia quamplurima animalia, que quamquam infra septa foreste vivunt et oneri et cure mediocrium subiacent, foreste tamen nequaquam censeri possunt, qualia sunt equi, bubali, vacci et similia. Vulpes et lupi nec veneris habentur et proinde eorum interfectio nulli emendationi subiacet; si tamen infra limites occiduntur, fractio sit regalis chacee et mitius emendetur.

Aper vero, quamquam foreste sit, nullatenus tamen animal veneris haberi est assuetus.

---

¹) Memorials of St Dunstan, p. 153.
²) Liebermann, Gesetze, p. 621 ff.

Am sonntag ist die jagd von gesetzes wegen untersagt:

¹) 7 huntað fara 7 ealra woruldlicra weorca on þam halgan daege geswicae man georne.

Und der jagdzüge und aller weltlichen arbeiten enthalte man sich völlig an dem heiligen tage.

Niemand, auch nicht der könig, wage es, dieser vorschrift entgegen zu leben. Er setzt sich dadurch in widerspruch mit der kirche, die zu jener zeit ihre rechte zu wahren weifs. Als könig Edgar einst wegen der jagd die messe versäumt, weigert sich Dunstan, sie nachher nochmals zu lesen, nachdem der könig endlich zurückgekehrt ist. Er hat in einer vision deutlich das 'Missa est' gehört, ein zeichen von gott, dafs er nicht mehr beginnen solle. In seiner predigt verweist er dem könig das jagen am sonntag.

²) Alio quodam tempore rex in die Dominica mane venatum ivit, et Dunstanum, qui tunc forte secum erat, Missam suam donec rediret differre petivit. ...... Ex hoc itaque sumpto sermone regem in diebus Dominicorum deinceps a venatu prohibuit.

Auch der jäger Aelfrics ruht am sonntag:

³) M.: Waere þu to daeg on huntnoðe?

V.: Ic näs, forþam sunnan-däg ys, ac gyrstan-däg ic wäs on huntunge.

M.: Warst du heute auf der jagd?

V.: Nein, es ist sonntag, aber gestern war ich auf der jagd.

Der geistlichkeit war das jagen untersagt. Diese verfügung mufste sie wohl fast so schwer treffen, wie das trinkverbot, denn immer und immer wiederholen sich die gleichen klagen, müssen könige und bischöfe den klerus daran mahnen, dafs das waidwerk dem geistlichen rocke nicht gezieme. Die Canones Edgari verbieten den geistlichen jede art des jagens:

⁴) And we láerað þ preost ne beo hunta, ne hafecere ne täflere ac plege on his bócum, swa his háde gebyrað.

---

¹) Liebermann, Gesetze, p. 296 nach G.
²) Memorials of Sᵗ Dunstan, p. 207.
³) Leo, Sprachproben, p. 8.
⁴) Thorpe, Ancient Laws and Institutes, p. 401. Canones Edgari § 64.

Und wir gebieten, dafs ein priester nicht jäger oder falkner oder würfelspieler sei, sondern er beschäftige sich mit seinen büchern, wie es seinem stande gebührt, weise und würdig.

Die strafen variieren je nach dem range des geistlichen. Einem gewöhnlichen pfarrer wird vorgeschrieben, er dürfe ein jahr lang kein fleisch mehr essen, ein diakon soll zwei jahre, ein messepriester drei jahre und ein bischof sieben jahre bufse tun.

[1]) Se canon segð, gyf hwylce gehádod man on huntað fare, gyf hit bið clerec, forgá XII monað flaesc; diacon twa gear; mässepreost þreo; bisceop VII etc.

Der gleiche könig Edgar eifert in der mehrmals erwähnten Oratio Edgari Regis ad Dunstanum etc. gegen die unschickliche lebensweise des klerus und wirft diesem neben üppigkeit, unzucht und völlerei auch den hang zur jagd vor:

[2]) canes, ac aves et talia ludicra comparentur.

In Canterbury sind die mönche ebenfalls allen weltlichen vergnügen ergeben, bis die wunderbare heilung eines besessenen durch berührung mit dem stabe Dunstan's eine gründliche besserung in der klosterdisziplin zur folge hat.

[3]) Quantum autem percussio istius valuerit ad correctionem eorum qui in ipso monasterio monachi erant, facile est videre omnibus qui unde ad quid ordo monasticus ab eo tempore illic profecerit sciunt. Sciunt quippe quia prius in omni gloria mundi, auro videlicet, argento, variis vestibus ac decoris cum pretiosis lectisterniis, ut diversa musica generis instrumenta, quibus saepe oblectabantur, et equos, canes et accipitres, cum quibus nonnunquam spatiatum ibant, taceam, more comitum potius quam monachorum vitam agebant.

Von langer dauer war offenbar diese besserung nicht, denn wir hören von William of Malmesbury, dafs erzbischof Lanfranc kurz nach der eroberung die gleichen ungebührlichkeiten zu rügen hatte, und dafs sich die mönche dieses klosters darin keineswegs von den insassen anderer klöster unterschieden.

---

[1]) Thorpe, Ancient Laws and Institutes, p. 401.
[2]) Spelman, Concilia, p. 476.
[3]) Memorials of S. Dunstan, p. 237 ff.

¹) Monachi Cantuarienses, sicut omnes tunc temporis in Anglia, secularibus haud absimiles erant, nisi quod pudicitiam non facile proderent. Canum cursibus avocari; avium predam raptu aliarum volucrum per inane sequi; spumantis equi tergum premere, tesseras quatere, potibus indulgere etc.

Wenn land an ein kloster vergabt wird, so fällt dabei in den meisten fällen auch das jagdrecht für den früheren besitzer auf dem betreffenden territorium dahin. Selbst dem könig ist es untersagt, dort weiden zu lassen, oder mit pferden und hunden auf klösterlichem boden zu erscheinen.

So lesen wir im privilegium Kenulfi unter dem jahre 821, dafs jegliche jagd auf dem gebiete des klosters Abingdon untersagt gewesen sei:

²) Et mandatum mandamus, in nomine Patris et Filii et Spiritus Sancti, ut nullus superveniat hominum superbia inflatus, nec rex suum pastum requirat, vel habentes homines quos nos dicimus 'Fästingmen', nec eos qui ancipitres portant, vel falcones, vel caballos ducunt, sive canes, nec poenam mittere super eos quoquomodo audeat.

Eine vergabung durch die Carta Regis Bartulfi vom jahre 844 verbietet in ziemlich den gleichen ausdrücken die störung des gottesfriedens auf klösterlichem gebiete.

³) Hoc est verbi gratia, ut sint liberati a partu principum, et a difficultate illa quot nos Saxonice dicimus 'Festigmen'; nec homines illuc mittant qui osceptros vel falcones portant, aut canes aut caballos ducant; sed sint liberati perpetualiter in aevum.

Zur schonung der kulturen wurden bei grundstücken, die an den wald grenzten, wildgehege gemacht. Die angelsächsischen verwaltungsregeln setzen für diese arbeit das frühjahr an.

⁴) on lengtene eregian 7 impian, beana sawan, wingeard settan, dician, deorhege heawan etc.

im frühjahr pflügen und pfropfen, bohnen säen, weinberg setzen, graben, wildgehege verhauen etc.

---

¹) William of Malmesbury: Gesta Pontificum, p. 70.
²) Chronicon Monasterii de Abingdon, bd. I, p. 26.   ³) ib. p. 31.
⁴) Liebermann, Gesetze, p. 454.

Sehen wir nun, was sich über die jagd im speziellen sagen läfst, über die art und weise, wie sie betrieben wurde, welche tiere die hauptsächliche beute bildeten u. s. f. Zu besserer übersicht scheide ich im folgenden die vogeljagd von der jagd auf vierfüfsler.

### a) Die vogeljagd.

Die jagd mit falken oder adlern war vorzüglich ein privilegium der reichen. Die tiere, die für die flugjagd in betracht kamen, verlangten unendlich viel sorgfalt und mühe, bis sie endlich verwendet werden konnten. Ihr preis war dementsprechend hoch und übertraf oft den eines guten pferdes. Die abrichtung und besorgung der jagdfalken kam dem falkner, falconarius, ags. fuglere, zu, über dessen aufgabe uns der vogelsteller Aelfrics aufschlufs gibt. Der vogelsteller Aelfric's scheint seinen beruf auf eigene rechnung zu betreiben. Er kennt verschiedene mittel, die vögel zu überlisten. Er fängt sie mit netzen, schlingen, leimruten und fallen, auch durch pfeifen lockt er sie heran oder er läfst seinen falken auf sie los. Das gespräch, das sich zwischen lehrer und schüler entspinnt, ist folgendes:

[1] M. Hwät segst þú Fuglere! Hú beswicst þu fugelas?

A. On feala wisan ic beswice fugelas; hwilon mid nettum, hwilon mid grinum, hwilon mid lime, hwilon mid hwistlunge, hwilon mid hafoce, hwilon mid treppan.

Häfst þú hafoc?

Ic häbbe.

Canst þú temian hig?

Gea, ic can. Hwät sceoldon hig mé, búton ic cúþe temian hig?

Sylle me aenne hafoc!

Ic sylle lustlice, gyf þu sylst mé aenne swyftne hund. Hwilcne hafoc wilt þú habban; þone máran, hwaeþer þe þäne lässan?

Sylle me þäne máran.

Hú afétst þu hafocas þine?

Hi fédaþ hig sylfe and mé on wintra, and on lenczthen

---

[1] Leo, Sprachproben, p. 10 ff.

ic laete hig ätwindan to wuda, and genyme mé briddas on härfäste and temige hig.

And for hwí forlaetst þú þa getemedon ätwindan fram þé?

Forþam ic nelle fédan hig on sumera, forþam þe hig þearle etaþ.

And manige fédað þa getemedon ófer sumor, þät eft hig habban gearuwe.

Gea, swá hig doþ; ac ic nelle óþ þät án deorfan ofer hig, forþam ic can óþre, ná þät aenne, ac eac swilce manige, gefón.

Was sagst du, vogelsteller? Wie überlistest du die vögel?

Ich überliste die vögel auf verschiedene art; bald mit netzen, bald mit schlingen, bald mit leim, bald mit pfeifen, bald mit dem falken, bald durch fallen.

Hast du einen falken?

Ja.

Kannst du sie zähmen?

Gewifs. Was würden sie mir nützen, wenn ich sie nicht zähmen könnte?

Gib mir einen falken!

Ich gebe dir gerne einen, wenn du mir einen schnellen hund gibst. Welchen falken willst du, den gröfsern oder den kleinern?

Gib mir den gröfsern!

Wie fütterst du deine falken?

Sie füttern sich selbst und mich dazu im winter und im frühling lasse ich sie davon fliegen zum walde und nehme im herbst wieder vögel und zähme sie.

Und warum läfst du die gezähmten davon fliegen?

Weil ich sie nicht über den sommer füttern will, denn sie fressen viel.

Manche füttern die gezähmten über den sommer, damit sie sie wieder bereit haben.

Allerdings, doch ich will mir nicht solche mühe geben, denn ich verstehe andere, nicht nur einen, sondern mehrere, zu fangen.

Eine anzahl von falknern waren an den angelsächsischen höfen beständig angestellt und beschäftigten sich wohl mit nichts anderem als der zucht und abrichtung ihrer vögel. Sie werden immer getrennt von den jägern erwähnt. Ich erinnere an die auf seite 72 erwähnten schenkungen, wo weder denen, die adler oder falken tragen, noch solchen, die pferde führen, gestattet ist, klösterliches gebiet zu betreten. Asser berichtet von könig Alfred, er habe seinen goldschmieden, handwerkern, falknern (und zwar scheidet er ebenfalls die falconarii und accipitrarii von einander) und jägern, die die meute führen, unterricht erteilt: ¹) aurifices et artifices suos omnes, et falconarios, et accipitrarios, canicularios quoque docere . . . .

Die chronik von John of Brompton erzählt, dafs ein Däne von königlicher herkunft eines tages bei der jagd auf wasservögel vom sturm bis an die küste von Norfolk verschlagen worden sei. Dort erfährt könig Edmund, dafs der fremdling mit dem falken ein tüchtiger jäger ist und nimmt ihn in seine dienste. Ein früherer jäger, der sich der königlichen gunst erfreute und sich nun durch den neuen geschickteren jäger in den schatten gestellt sieht, plant den tod des unbequemen gefährten.

²) Erat in regno Danorum vir quidam de regia stirpe genitus nomine Lothebrocus, qui duos filios Juguar et Hubba progenuerat ex uxore, qui die quadam cum accipitre solus brevem naviculam ingressus, ut in insulis maris et terris vicinis anates et aviculas alias aucuparet; subita tandem tempestate suborta, inter maris latitudinem raptus, diebusque aliquot huc illuc dejectus, graviter vexabatur. Tandem plurima maris pericula perpessus, projectus est in provincia orientalium Anglorum quae Northfolch ab incolis dicitur, apud Redham villam applicuit. Solus cum accipitre inventus regi Edmundo praesentatur, et ab ipso propter elegantissimam corporis formam cum honore receptus, in curia ejus remansit, regique casum suum exposuit, atque arte venatoriae cum Berno regis venatore indulsit: erat enim tam in aucupatione quam venatorio exercitio graciosus, unde in avibus simul ac bestiis capiendis pro voto sibi omnia succedebant.

Ein ähnliches beispiel erzählt Gottfried von Monmouth an der fabelhaften vorgeschichte Britanniens. Brennius, der bruder

---

¹) Monum. Hist. Brit., p. 486.
²) John of Brompton in Hist Br. Script. Decem, bd. I, p. 801.

des königs Belinus wird von Britannien vertrieben und kommt nach Gallien, wo ihm seine körperliche schönheit und seine gewandtheit im jagen sympathieen erwerben.

[1]) Erat enim pulcher aspectu, procera et gracilia membra habens, venationem atque aucupatum ut decebat edoctus.

Daſs zur flugjagd besonderes geschick erforderlich war, bezeugen auch 'der menschen gaben':

[2]) Sum bið fugelbona,
 hafeces cräftig.
  Mancher ist ein vogelsteller,
 mit dem falken geschickt.

Die kunst, raubvögel richtig zu behandeln und abzurichten, muſste, sobald die falkenjagd allgemein zu ehren kam, das studium der vornehmen und reichen sein, und es mochten wohl in allen höfischen kreisen theorien und maſsregeln zur genüge bekannt sein, als Friedrich Barbarossa sein ‚Liber de arte venandi cum avibus' schrieb. Das buch erschien 1596 im druck, mit einer abhandlung gleichen inhalts von Albertus Magnus: De falconibus, astoribus et accipitribus.

Die falken scheinen nicht überall gleich tüchtig für die jagd gewesen zu sein. König Aethelberht II. ersucht den heil. Bonifacius ihm zwei falken zu schicken, die sich für die kranichjagd eignen, denn die einheimischen taugen nichts dazu. Sie seien weder gelehrig, noch kriegerisch genug.

[3]) His itaque breviter summatimque praelibatis, unam rem praeterea a vobis desidero mihi exhiberi, quam vobis valde difficile esse, juxta quod mihi indicatum est, nullatenus reor; hoc est duos falcones, quorum ars et artis auditia sit: grues velle libenter captando arripere et arripiendo consternere solo. Ob hanc etenim causam de harum adquisitione et transmittendarum ad nos avium vos rogamus, quia videlicet perpauci huius generis accipitres in nostris regionibus, hoc est in Cantia, repperiuntur, qui tam bonos producant foetus et ad supradictam artem animo agiles ac bellicosi educantur et edomantur ac doceantur.

---

[1]) Gottfried v. Monmouth, Lib. III, § 6, p. 43.
[2]) Grein, Poesie, bd. I, 200, v. 80 ff.
[3]) Bibliotheca Rerum Germanic, bd. III, p. 256. Ep. 103.

Aus einem andern briefe erfahren wir, dafs Bonifacius dem könig der Mercier unter andern geschenken einen adler und zwei falken geschickt habe:

¹) Interea pro signo veri amoris et devote amicitiae direximus tibi accipitrem unum et duo valcones, duo scuta et duas lances.

König Athelstan verlangte von den bewohnern von Northwales nebst andern tributen auch eine jährliche abgabe an jagdvögeln:

²) ... volucres quae aliarum avium praedam per inane venari nossent.

Ich habe in einem frühern abschnitt über die angelsächsischen sänger das ansprechende rätsel vom habicht und den turnierpreis in dem franz. versroman: 'Le chatelain de Coucy' besprochen. Der falke wurde in spät angelsächsischer zeit ein attribut hoher abstammung. So zeigt das grofse siegel Eduards des Bekenners³) den könig mit einem stab, auf dem ein falke sitzt, in der einen hand, während er in der andern hand sein schwert hält. Ähnlich ist das siegel Heinrich's I. und Heinrich's II.⁴) Jeder hat einen falken auf seinem regal. ferner finden wir könig Harold auf der bekannten Tapisserie de Bayeux⁵) fünfmal mit einem falken. In der ersten darstellung

---

¹) Bibliotheca Rerum Germanic., bd. III, p. 213. Ep. 74.
²) William of Malmesbury, Gesta Regum. bd. I. p. 148.
³) J. Strutt: Dresses and Habits of the people of England, bd. I, Pl. XXVII.
⁴) ib. bd. I, Pl. XXXV.
⁵) A. Marignan kommt in seiner kritisch archeologischen studie: La Tapisserie de Bayeux, Paris 1902, zum schlusse, dafs die entstehung dieses wandteppich's nicht in die zeit der königin Mathilde, der gemahlin Wilhelms des Eroberers, fallen könne, sondern ein volles jahrhundert später angesetzt werden müsse, also ins letzte drittel des 12. jahrh. Für die argumente die für mich ganz überzeugend sind, verweise ich auf die vorzügliche arbeit des franz. gelehrten. Der Engländer Fowke führt in seinem buche 'The Bayeux Tapestry', London 1892, zwei hauptargumente für eine frühe entstehung ins feld. Fürs erste trägt der falke hier noch nicht die käppe, die gegen 1200 gebräuchlich wird, ferner hat ein träger auch nicht den dicken handschuh, der später allgemein verbreitet ist. Man darf wohl diesen beweisgründen keine allzu grofse bedeutung beimessen, sondern mufs die unbeholfenheit des zeichners in anschlag bringen.

'Harold Dux Anglorum et sui Milites equitant ad Bosham' ist Harold offenbar auf einer jagd begriffen; darauf deutet aufser den fünf jagdhunden auch die raschere gangart der pferde. Wenn der könig aber später sogar mit dem falken auf der hand in das schiff steigt, so sehe ich darin die absicht des zeichners, ihn von seinen begleitern zu unterscheiden, was sonst fast eine unmöglichkeit wäre. Der falke ist überdies ungewöhnlich grofs dargestellt und auch darin mag die absicht vorliegen, seine königliche hoheit anzudeuten. Während die Tapisserie de Bayeux nicht in angelsächsische zeit zurückreicht und vermutlich auf dem festlande gewirkt worden ist, besitzen wir verschiedene angelsächsische miniaturen, die uns über die vogeljagd aufschlufs geben.

In einem MS. aus dem 9. oder 10. jahrh.[1]) finden wir einen angelsächsischen edelmann und seinen falkner am rande eines flusses. Jeder der beiden jäger trägt einen falken auf der rechten hand. Im flusse schwimmen drei enten, auf dem jenseitigen ufer ist eine gans und ein vogel von form und gröfse eines straufses. Der zeichner, der sich aus der disproportion nicht viel machte, wollte vielleicht einen reiher oder einen kranich darstellen.

Eine ganz ähnliche gruppe bietet ein etwas jüngeres MS.[2]) Drei personen (zwei frauen und ein mann) sind zu pferde auf der falkenjagd. Der falkner geht vor ihnen her und will das wasserwild durch rufe und indem er mit einem stock ins wasser schlägt, zum aufffliegen bringen. Im gleichen augenblick fliegen drei enten auf, der falke hat sich bereits in eine festgekrallt und pickt mit seinem schnabel auf den kopf des opfers los.

Die falkenjagd scheint besonders an der küste oder an flufsläufen betrieben worden zu sein, denn sowohl Lothobrocus, als auch die jäger auf den soeben erwähnten miniaturen treiben wasserwild auf. In der sumpfigen gegend von Ely war derartiger reichtum an fischen und wasservögeln, dafs für einen ass fünf mann ihren hunger vom einen oder andern gericht stillen konnten.

---

[1]) Cotton MS. Tib. C. VI reproduziert in: Strutt, Sports and Pastimes, p. 29.

[2]) Cotton MS. Julius A. VI reproduziert in: Strutt, Sports and Pastimes, p. 29 ff.

¹) Heli stagnensium insularum maxima. ab anguillarum copia ita dicta ..... Nec minor aquaticorum volucrum vilitas; ut pro uno asse de utroque cibo quinque homines et eo amplius non solum famem pellant, sed etiam satietatem expleant.

Die jagdbeute bestand nach M. Heine²) hauptsächlich in wilden schwänen (ylfettu), weifsen und grauen gänsen (hwite gôs and graeg gôs) und störchen (storc). Weniger jagdvögel waren der kranich (cornuc) und der reiher (hrägra).

Von den geflügelten jägern sind bereits drei arten, Accipiter, Astur und Falco erwähnt worden. Es ist anzunehmen, dafs an angelsächsischen höfen noch weitere raubvögel zur jagd abgerichtet wurden, die aber wegen ihrer geringeren tüchtigkeit keine erwähnung fanden. Die späteren bücher über falkenjagd erwähnen gegen 20 mehr oder weniger verschiedene arten, die zur jagd verwendet wurden. Die betreffenden bücher stellen überdies eine jagdordnung auf: Je nach der sozialen stellung der jäger richtet sich auch das jagdtier, dessen sie sich bedienen sollen. Ich gebe zur orientierung die zusammenstellung Strutt's, glaube indessen nicht, dafs solche vorschriften je gesetzliche geltung hatten oder überhaupt strenge eingehalten wurden.

³) The eagle, the vulture and the merloun for an emperor.
The gerfaulcon and the tercel of the gerfaulcon for a king.
The faulcon gentle and the tercel gentle for a prince.
The faulcon of the rock for a duke.
The faulcon peregrine for an earl.
The bastard for a baron.
The sacre and the sacret for a knight.
The lanere and the laneret for an esquire.
The marlyon for a lady.
The hobby for a young man.
The goshawk for a yeoman.
The tercel for a poor man.
The sparrow-hawk for a priest.

---

¹) Gesta Pontificum Wilhelmi Malmesbiriensis, p. 322.
²) M. Heine: Fünf Bücher deutscher Hausaltertümer, bd II.
³) J. Strutt: Sports and Pastimes, p. 37.

The musket for a holy water clerk
The kesterel for a knave or a servant.

Natürlich rückte man der gefiederten welt noch mit andern mitteln zu leibe. Wir haben bereits gehört, dafs der vogelsteller mit leimruten, netzen und schlingen zu werke geht, überdies zeigen die miniaturen in angelsächsischen handschriften, dafs man sie oft mit dem bogen oder mit der schleuder erlegte. So sehen wir z. b. in einem MS. aus dem VIII. jahrh.[1]) eine illustration zu Ismaëls vertreibung aus dem hause Abrahams: Der jüngling ist im begriff einen pfeil in die luft zu senden. Im gürtel trägt er bereits vier vögel von der gröfse von wachteln. Im gleichen manuskript sehen wir einen jäger, der einen stein nach einem vogel geschleudert hat. — Damit ist der übergang gemacht zur gewöhnlichen jagd mit speer und bogen, wie sie seit den ältesten zeiten von allen naturvölkern betrieben wurde.

### b) Die jagd auf säugetiere.

Auch hier gibt uns das Colloquium Aelfrici äufserst wertvolle auskunft. Der schüler Aelfric's steht im dienste des königs; er ist 'cincges hunta'. Mit netzen und mit hülfe schneller hunde stellt er rehen, hirschen, ebern und bisweilen auch den hasen nach. Tags zuvor hat er zwei hirsche und einen eber erlegt. Die eberjagd besonders stellt sein geschick und seine furchtlosigkeit auf die probe.

[2]) Magister: Canst þú aenig þing?
Venator: Aenne cräft ic cann.
M. Hwylcne?
V. Hunta ic eom.
M. Hwäs?
V. Cincges.
M. Hú begaest þú cräft þinne?
V. Ic bréde me max and sette hig on stówe gehäppre, and getihte hundas mine, þät wildeór hig éhton, oþ þät þe hig cuman to þám nettan unforsceáwodlice, þät hig swá béon begrynode, and ic ofsleah hig on þám maxum.

---

[1]) J. Strutt, Sports and Pastimes p. 49 [Cotton MS. Claudius B IV].
[2]) Leo, Sprachproben, p. 8 ff.

M. Ne canst þú huntian búton mid nettum?
V. Geá, búton nettum huntian ic mäg.
M. Hú?
V. Mid swiftum hundum ic betaece wildeór.
M. Hwylce wildeór swíðost geféhst þú?
V. Ic gefeó heortas and báras and ránn and raegan and hwilon haran.
M. Waere þú tó däg on huntnoðe?
V. Ic näs, forþám sunnan-däg ys, ac gyrstan-däg ic wäs on huntunge.
M. Hwät gelähtest þú?
V. Twégen heortas and aenne bár.
M. Hú gefénge þú hig?
V. Heortas ic gefénge on nettum and bár ic ofslóh.
M. Hú waere þú dyrstig ofstikian bár?
V. Hundas bedrifon hine tó mé and ic, þaer tógeanes standende, faerlíce ofstikode hyne.
M. Swíþe þrýste þú waere þá.
V. Ne sceal hunta forhtfull wesan, forþám mislíce wildeór wuniaþ on wudum.
M. Hwät dést þú be þínre huntunge?
V. Ic sylle cyncge swá hwät swá ic gefó, forþám ic eom hunta hys.
M. Hwät sylþ hé þé?
V. Hé scrýt mé wel and fétt, and hwilon hé sylþ mé hors oþþe beáh, þät þé lustlicor cräft minne begancge.

M. Kannst du etwas?
V. Ich verstehe einen beruf.
M. Welchen?
V. Ich bin jäger.
M. Wessen?
V. Des königs.
M. Wie übst du deinen beruf aus?
V. Ich breite meine netze aus und stelle sie an einen passenden ort und treibe meine hunde an, dafs sie das wild verfolgen, bis es unvermutet zu den netzen kommt, daf es sich darin verwickelt, und ich schlage sie in den netzen tot.
M. Kannst du nicht anders als mit netzen jagen.
V. Ja, ich kann ohne netze jagen.

M. Wie?

V. Ich verfolge das wild mit schnellen hunden.

M. Was für tiere erlegst du hauptsächlich?

V. Ich erlege hirsche und eber und rehböcke und rehgaifsen und bisweilen hasen.

M. Warst du heute auf der jagd.

V. Nein, denn es ist sonntag; aber gestern war ich auf der jagd.

M. Was hast du erlegt?

V. Zwei hirsche und einen eber.

M. Wie fingst du sie?

V. Ich fing die hirsche in netzen und erstach den eber.

M. Wie wagtest du es den eber zu erstechen?

V. Die hunde trieben ihn zu mir, und ich erstach ihn sogleich ihm den weg versperrend.

M. Du warst also sehr mutig?

V. Der jäger darf nicht furchtsam sein, denn es wohnen verschiedene wilde tiere in den wäldern.

M. Was tust du mit deiner beute?

V. Ich gebe dem könig, was ich fange, dafür bin ich sein jäger.

M. Was gibt er dir?

V. Er kleidet und nährt mich gut, und hie und da gibt er mir ein pferd oder einen ring, damit ich meinen beruf um so eifriger ausübe.

Die gewöhnliche jagdbeute bestand, wie wir gehört haben, in hirschen, ebern und rehen, die wir auch anderswo bezeugt finden. So berichtet John of Brompton, könig Ella von Northumbrien sei gerade auf der jagd gewesen, als er durch den einfall der Dänen am Waidwerk gestört wurde. Er habe an jenem tage vier rehgaifsen und sechs rehböcke erlegt:

[1]) Contigit autem, quod iste rex Ella causa venandi quodam die ad silvam accessit; ubi ipse post venationem captam, sicut sedebat in prandio, dixit: Bene expedivimus hodie quod quatuor damas et sex hinnulos ceperimus.

Der hirschjagd ist bereits auf s. 63 gedacht worden:

---

[1]) John of Brompton, in Hist. Angl. Script. Decem, bd. I, p. 803.

¹) Et ecce ex multimodo corniculantium strepitu canumque latratu, multi cervorum levem fugam inierunt etc.

Aus einer stelle von Géffrei Gaimars 'Estoire des Engles' möchte man schliefsen, dafs Devonshire ein besonders günstiges gebiet für die jagd auf hirsche war.

²) Li reis Edgar se purpensat
Ken Defneschire sen irrat
Pur cerfs chascer dist kil i irrat:
Meis en son quer tut el aueit.

Die in der deutschen literatur so beliebten hirschlegenden scheinen in der angelsächsischen ihre vorgänger gehabt zu haben. In den 'Historical fragments of the Monastery of St. Mildred in Thanet' wird der prinzessin Eafe das recht eingeräumt, für ihre brüder Aeþelred und Aeþelbriht ein wergeld zu verlangen. Sie will so viel land beanspruchen, als ihre hirschkuh umläuft.

³) And hit ðá swá gelamp þá se cyning and hió donne Eafe aerest þ land geceás · and hí ofer þá eá cómon þá cwäð se cyning tó hire: hwylcne dael þäs landes hió onfón wolde hyre bródrum tó wergilde. Hió him ðá andsworode and cwäð þ hió his ná máran ne gyrnde þonne hire hind útan ymbe yrnan wolde · þ hire ealne weg beforan arn ðonne hió on ráde wäs.

Und es geschah da, als der könig und dame Eafe zum ersten mal das land auswählten und sie über den flufs kamen, dafs der könig zu ihr sagte, welchen teil des landes sie als wergeld für ihre brüder empfangen wolle. Sie antwortete ihm da und sagte, sie wünsche von seinem gut nicht mehr, als ihre hirschkuh umlaufen würde, die ihr beständig auf der strafse voranging, wenn sie ausritt.

Aus zuverlässiger quelle erfahren wir, dafs die gegend von Durham sehr wildreich gewesen sei.

⁴) And ðaer gewexen is wuda fästern micel;
wuniað in ðem wýcum wilda deór monige
in deópum dalum deóra ungerim.

¹) Memorials of St. Dunstan, p. 23 ff.
²) Gaimar: Estoire des Engles V. 3769 ff., bd. I, p. 159
³) Saxon Leechdoms etc., bd. III, p. 426.
⁴) Grein, Poesie (II. auflage), bd. I, p. 391.

> Und dort ist ein grofses waldesdickicht gewachsen;
> es wohnen an diesem orte viele wilde tiere,
> in tiefen tälern eine unzahl von tieren.

In der zeit der not, wenn die lebensmittel spärlich waren, oder ganz fehlten, war die jagd eine hauptnahrungsquelle. So berichtet uns Gottfried von Monmouth, die uneinigkeit im lande habe bald eine teuerung herbeigeführt; es sei mangel an nahrung gewesen und die jagd habe der bevölkerung noch zu grofsem troste gereicht.

> [1] Accessit etiam aliud infortunium: quia fames dira ac famosissima insipienti populo adhaesit, ita ut totius cibi sustentaculo quaeque vacuaretur provincia, excepto venatoriae artis solatio.

Eine angelsächsische kalenderregel rät jeweilen in der 15. nacht nach neumond zu fischen; auch sei sie besonders günstig für die jagd auf hirsche und wildschweine:

> [2] On XV. nihte mónan hys gód tó fixianne and huntum heortas tó sécanne and wilde swin.

Des ebers und seiner gefährlichen zähne wird in den denksprüchen der cottonianischen handschrift gedacht:

> [3] eofor sceal on holte
> tóðmägenes trum,
>
> der eber soll im gehölze
> [wohnen] stark durch die gewalt seines zahnes ...

Wir besitzen ferner eine bildliche darstellung einer eberjagd in einem manuskript des IX. jahrhunderts. [4] Ein adeliger verfolgt fünf wildschweine. In der rechten hand trägt er einen speer, die linke hand hat er ans schwert gelegt. Hinter ihm kommt ein jäger, der ins horn bläst und ebenfalls mit einem speer bewaffnet ist. Erst zu hinterst folgen zwei jagdhunde.

Weniger des nutzens wegen, als um eine direkte gefahr für tiere und menschen zu beseitigen, wurden die wölfe gejagt,

---

[1] Histor. Briton. Galfr. Monum., Lib. XV, § XV, p. 175.
[2] Saxon Leechdoms, bd. III, p. 180.
[3] Grein, Poesie, bd. II, p. 346, v. 18 ff.
[4] Strutt, Sports and Past., p. 5. [Cotton MS. Tib. VI.]

die besonders im westen Englands in grofser zahl auftraten. Der schafhirt in Aelfric's Colloquium belehrt uns, dafs die wölfe gefährliche feinde für seine herde seien.

[1])M. Hwät segst þú, sceápherde? Häfst þú aenig gedeorf?

Opilio: Geá, leóf. ic häbbe; on fórewerdne morgen ic drife sceáp mine to heora lease and stande ofer hig, on haete and on cýle mid hundum. þé läs wulfas forswelgen hig etc.

M. Was sagst du, schafhirt? Hast du irgendwelche beschäftigung.

O. Ja, am morgen früh treibe ich meine schafe auf ihre weiden und wache über sie in hitze und kälte mit hunden, damit die wölfe sie nicht fressen etc.

Gottfried von Monmouth überliefert, dafs der zügellose enkel des gründers Brutus, könig Ebraïcus, auf der jagd ein opfer der wölfe geworden sei.

[2]) Vigesimo tandem regni sui anno, dum venationem exerceret, secessit a sociis in quandam convallem, ubi a multitudine rabiosorum luporum circumdatus, miserrime devoratus est.

Im westen besonders waren die wölfe in grofsen scharen heimisch, und könig Edgar wufste in der zweiten hälfte des 10. jahrh. energische abhülfe zu schaffen, indem er statt des üblichen jahrestributs 300 wolfsfelle verlangte. Diese mafsregel erwies sich als sehr erfolgreich, so dafs schon im vierten jahre der tribut nicht mehr abgeliefert werden konnte aus mangel an wölfen.

[3]) Quomodo enim ausus hominum praeteriret, qui etiam omnis generis feras sanguinis avidas ex regno exterminare cogitaret, Judvaloque regi Walensium edictum imposuerit ut sibi quotannis tributum trecentorum luporum pensitaret; quod cum tribus annis fecisset, quarto destitit, nullum se ulterius posse invenire professus.

---

[1]) Leo, Sprachproben, p. 7.
[2]) Historia Briton. Galfr. Monum., Lib II, VI, ] 4 4
[3]) William of Malmesbury, Gesta Regum, p 147

Bären waren wohl in angelsächsischer zeit schon ein seltenes jagdwild. Aufser den früher angeführten tanzbären, von denen man nicht weifs, ob sie im lande selbst gefangen oder vom festlande herübergebracht wurden, findet sich eine blofse erwähnung auch in den denksprüchen der Cotton-handschrift:

¹) Bera sceal on haeðe
eald and egesfull
Der bär soll auf der heide,
der alte und schreckliche [wohnen].

Interessant ist, dafs der bär in der altenglischen symbolik oft die rolle des teufels zu übernehmen hat. Man erzählt aus dem leben des heiligen Dunstan, dafs ihm beim nächtlichen gebete der böse in gestalt eines bären erschienen sei:

²) Quadam nocte, dum adleta Dei infra scepta claustrorum psalmodiis vigiliisque constans immoraretur, apparuit ei Dei et hominum inimicus, hispidus et horrens in ursina specie, volens eum quodammodo torva imaginatione perterrere, et ab opere satis sibi contrario dolositatis industria aliquatenus dissociare.

Auch in gestalt eines fuchses naht der versucher dem heiligen Dunstan:

³) Addidit quoque idem perfidus draco more vipereo tertio reserpere, probans si forte adhuc virum Dei remissioris animi ad vincendum invenisset: et tunc quidem rex improba cordis compositione sese mutavit in turpem vulpeculam, ut vel sic famulum Dei cauda quatienti varioque discursu ab intentione Dei sui everteret.

Dieser zug entspricht ganz der mittelalterlichen auffassung. Die bibel und die bestiarien trugen dazu bei, dafs man im fuchs nicht nur den schlauen dieb sah, der alles zu erwischen weifs und überall ungestraft weg kommt, sondern die verkörperung alles schlechten. Bekanntlich stehen die späteren versionen des Roman du Renard ganz unter dem einflufs dieser klerikalen auffassung des fuchses.

---

¹) Denksprüche, in Grein, Poesie, bd. II, p. 346, v. 29 ff.
²) Memorials of St. Dunstan, p. 26.
³) ib. p. 27.

Ein seltener gast war wohl der auerochse. Wir finden ihn in den zeitgenössischen chroniken nicht erwähnt, dagegen beschreibt ein angelsächsisches runenlied den bekannten moorgänger, der so tapfer ist und mit seinen hörnern zu kämpfen weifs.

[1]) ᚢ (úr) byþ anmód and oferhyrned
felafrécne deór, feohteð mid hornum
maere mórstapa: þät is módig wuht.
Der ur ist unerschrocken und gehörnt,
ein sehr wildes tier; er kämpft mit seinen hörnern,
der berühmte moorgänger; er ist tapfer.

In betreff der hasen berichtet Caesar, es sei den alten britten nicht erlaubt gewesen, solche zu verzehren (wohl aus religiösen gründen). [2]) Leporem et gallinam et anserem gustare fas non putant.

Diese skrupel fällt natürlich später nicht mehr in betracht; der jäger Aelfrics erlegt gelegentlich auch hasen und wenn es von dem früher erwähnten Dänen Lothobrocus, der an die ostküste Englands verschlagen wurde, heifst: [3]) Nutriebat autem Lothobrocus leporiarum quendam, so sehe ich darin eine besondere zucht hunde, die für die hasenjagd geeignet und dazu abgerichtet war.

Es bleibt mir noch einiges über die jagdhunde zu sagen. Wir haben ein interessantes zeugnis dafür, dafs die brittischen jagdhunde schon zur zeit der Römer eine gewisse berühmtheit erlangt hatten. Oppianus, ein griechischer dichter aus Cilicien, der ca. 40 nach Christus seine Cynegetica schrieb, berichtet von jagdhunden, die die wilden stämme Brittaniens züchten; klein, mager und zottig, überhaupt von unansehnlichem äufsern, seien sie doch kräftig im gebifs und unerreicht in der schärfe ihres geruchvermögens.

[4]) Ἔστι δέ τι σκυλάκων γένος εἴκρινον ἰχνευτήρων
Βαιόν, ἀτὰρ μεγάλης ἀντάξιον ἱππασίης·
Τοῖς τράφεν ἄγρια φῦλα Βρεττανῶν αἰολονώτων,
Αὐτὰρ ἐπικλήδην σφέας ἀγασσόντες ὀνόμηνεν.

[1]) Kluge, Lesebuch p. 152. Runenlied v. 4 ff
[2]) Caesar: De Bello Gallico, Lib. V, Cap. XIII
[3]) cf. p. 91.
[4]) Monumenta Hist. Brit. p. XCIII.

> Τῶν ἤτοι μέγεθος μὲν ὁμοίϊον οὐτιδανοῖσι
> Λίχνοις οἰκιδίοισι τραπεζήεσσι κύνεσσι,
> Γυρὸν, ἀσαρκότατον, λασιότριχον, ὄμμασι νωθές·
> Ἀλλ' ὀνύχεσσι πόδας, κεκορυθμένον ἀργαλέοισι·
> Καὶ θαμινοῖς κυνόδουσιν ἀκαχμένον ἰοφόροισι.
> Ῥίνεσι δ' αὖτε μάλιστα πανέξοχός ἐστιν Ἀγασσεὺς,
> Καὶ στιβίῃ πανάριστος, ἐπεὶ καὶ γαῖαν ἰόντων
> Ἴχνιον εὑρέμεται μέγα δὲ σοφὸς, ἀλλὰ καὶ αὐτὴν
> Ἴδμων ἠερίην μάλα σημήνασθαι ἀϋτμήν.

Die bewohner von Northwales hatten dem könig Athelstan unter andern steuern auch eine jährliche abgabe von hunden zu entrichten.

[1]) Ita quod nullus ante eum rex vel cogitare praesumpserat, ipse in effectum formavit, ut ei nomine vectigalis annuatim viginti libras auri, trecentas argenti, penderent, boves viginti quinque milia annumerarent, praeterea quot liberet canes qui odorisequa nare spelaea et diverticula ferarum deprehenderent . . . . .

Was für hunde bei der jagd etwa in betracht kommen konnten, erfahren wir aus einem zusatz zu den gesetzen Cnuts, der erst um das jahr 1220 angefügt worden ist. Derselbe verlangt folgendes:

[2]) Si quis canem qui custodire domini sui caulas debet et lupem abigere, occiderit, persolvat domino canis VI sol. Canem quem Angli dicunt greihund, qui nondum cepit leporem nec aliam bestiam XL d. persolvat; si vero doctus est et cepit LXXX d. reddat. Canem, qui in pluvia sine alicuius cura vigilat, quem Angli dicunt renhund XII. Canis vero qui vocatur uealter et Angli dicunt lanlegeran X sol. persolvatur.

Das halten von hochjagdhunden ist eine fronpflicht der bauern. Die Rectitudines Singularum Personarum gebieten, dafs je zwei und zwei einen hochjagdhund füttern. Zur jagdzeit wird derselbe dann wohl der meute des herrn einverleibt worden sein:

---

[1]) William of Malmesb., Gesta Regum, bd. I, p. 148.
[2]) Liebermann, Gesetze, p. 367. Anmerk. 80, 1 b.

¹) 7 twégen 7 twégen (kotesetlan) fédan aenne headorhund.
Und je zwei und zwei bauern müssen einen hochjagdhund füttern.

Schliefslich findet sich in einem angelsächsischen manuskript das bild eines hundehälters (dogwealh). der zwei jagdhunde an der leine hält.²) Ob es greyhounds oder *renhundas* sind, bin ich nicht im stande zu sagen, doch ist nach obigem zitat sicher, dafs die beiden namen nicht ein und dasselbe tier bedeuten, wie Wright annimmt.

## 2. Der fischfang.

Was ich von der jagd bemerkt habe, gilt in erhöhtem mafse auch für diesen abschnitt. Der fischfang war für die grofse mehrzahl derer, die ihn pflegten, ein broterwerb und nicht ein vergnügen; als berufliche tätigkeit gehört sie nicht hierher, doch scheint es nach modernen begriffen ebenso absurd den fischfang von der sportlichen betätigung auszuschliefsen.

Der fischreichtum Britanniens, nicht nur der küste nach, sondern im inlande, war seit ältester zeit bekannt und Gottfried von Monmouth hat vielleicht nicht so unrecht, wenn er in seiner fabelhaften genealogie der brittischen könige neben andern vorzügen des landes auch dieser nahrungsquelle gedenkt.

³) Erat tunc nomen insulae Albion, quae a nemine, exceptis paucis gigantibus, inhabitabatur. amoeno tamen situ locorum et copia piscosorum fluminum, nemoribusque praeelecta, affectum habitandi Bruto sociisque inferebat.

Wir besitzen aber auch zeugnisse aus zuverlässigeren quellen. Vor allem weist William of Malmesbury auf den grofsen reichtum an fischen und wasserwild in der gegend von Ely hin und erklärt den ortsnamen etymologisch aus der menge von aalen, die man dort finde.

⁴) Heli stagnensium insularum maxima, ab anguillarum copia ita dicta, sicut Beda communi notitiae consentiens,

---

¹) Liebermann, Gesetze, p. 417, nach B.
²) Wright, Homes of other days, p. 82 [Harleian Ms. no 603
³) Gottfried v. Monmouth, Hist. Briton., Lib I : XVI, p. 20
⁴) William of Malmesb., Gesta Pontifi um p. 322

auctor est. Denique et illorum et omnis pene amnicorum piscium generis tanta est copia, ut sit advenis miraculo, indigenis pro illorum ammiratione ludibrio. Nec minor aquaticarum volucrum vilitas, ut pro uno asse de utroque cibo quinque homines et eo amplius non solum famem pellant, sed etiam satietatem expleant.

Eine ähnliche erwähnung findet sich auch in dem gedichte auf Durham:

[1]) Weor ymb eorneð
eá ýðum stronge, and ðérinne wunað
feola fisca kyn on flóda gemonge.

Rund herum fliefst der Weor, ein gewässer von starker strömung, und darin halten sich viele arten von fischen auf im gemenge der fluten.

Beda erzählt in seiner kirchengeschichte, dafs der bischof Wilfrith die Westsachsen zur zeit einer grofsen hungersnot fischen gelehrt habe, da sie nur verstanden haben, aale zu fangen, sonst aber des gewerbes total unkundig waren.

[2]) Nam et antistes cum venisset in provinciam, tantamque ibi famis poenam videret, docuit eos piscando victum quaerere. Namque mare et flumina eorum piscibus abundabant, sed piscandi peritia genti nulla nisi ad anguillas tantum inerat. Collectis ergo undecumque retibus anguillaribus, [homines antistitis] miserunt in mare et Divina se juvante gratia mox cepere pisces, diversi generis, trecentos.

John of Brompton will wissen, könig Alfred habe sich während der zeit seines unglücks in den wäldern von Somerset von jagd und fischfang ernährt. Vermutlich ist auch das, wie überhaupt die geschichte, dafs er sich je an verborgenen orten aufgehalten habe, fabel und spätere zutat.

[3]) Sub qua tempestate anno Domini DCCClxxvij vero regis Alfredi quinto, idem rex Alfredus cum paucis per silvestria Somersetensis plagae vitam incertam et inquietam ducebat, ut qui nihil unde viveret habebat, nisi quod praedando et venando adquireret, vel piscando.

---

[1]) Grein, Poesie (2. aufl.), p. 391, v. 3 ff.
[2]) Beda, Hist. Eccl., Lib. IV, cap. 13.
[3]) Hist. Angl. Script. Decem, bd. I, p. 811.

In der folge hören wir sodann noch von einem wunderbaren fischzug, zu dem ihm die gnade des heiligen Cuthbert verholfen, und der bis in verschiedene einzelheiten an den fischzug des Petrus erinnert.[1]

Doch sehen wir, ob wir nicht in den lateinischen konversationsstunden Aelfrics — der ausdruck klingt etwas modern, entspricht aber völlig dem charakter der sache — reichere und bessere auskunft erhalten können. In der tat hat Aelfric auch einen fischer in der schar seiner lernbegierigen. Das gespräch zwischen ihm und dem schüler ist folgendes:

[2] M. Hwylcne cräft canst þú?

P. Ic eom fiscere.

M. Hwät begytst þú of þinum cräfte?

P. Bigleofan and scrúd and feoh.

M. Hú féhst þú fixas?

P. Ic astige mín scyp and wyrpe max mine on eá and angil ic wyrpe and spyrtan, and swá hwät swá hig gehäftaþ ic genime.

M. Hwät gif hit unclaene beóþ fixas?

P. Ic wyrpe þá unclaenan út, and genime mé claenan tó mete.

M. Hwaer cýpst þú fixas þíne?

P. On ceastre.

M. Hwá bigþ hí?

P. Ceasterwara. Ic ne mäg swá fela gefón, swá fela swá ic mäg gesyllan.

M. Hwylce fixas geféhst þú?

P. Aelas and hacodas, mynas and aelepútan, sceótan and lampredan, and swá hwylce swá on wätere swymmaþ sprote.

M. For hwi ne fixast þú on sae?

P. Hwilon ic dó, ac seldon, forþám micel réwyt mé ys tó sae.

M. Hwät féhst þú on sae?

P. Häringas and leaxas, mere-swýn and styrian, óstran and crabban, muslan, pinewinclan, sae-coccas, fage and floc and lopystran and fela swylces.

---

[1] cf. Simeon of Durham, bd. I, p. 204
[2] Leo, Sprachproben, p. 9 ff.

M. Wilt þú fón sumne hwäl?
P. Nic.
M. For hwí?
P. Forþám plyhtlíc þingc hit ys gefón hwäl. Gebeorhlícre ys mé faran tó eá, mid scype mínum, þänne faran mid manegum scypum, on huntunge hránes.
M. For hwí swá?
P. Forþám leófre ys mé gefón fisc þäne ic mäg ofsleán, þänne þé ná þät án mé, ac eác swylce míne geféran mid ánum slege hé mäg besencan oþþe gecwylman.
M. And þeáh, mänige gefóþ hwälas, and ätberstaþ frécnyssa, and micelne sceat þanon begytaþ.
P. Sóþ þú segst, ac ic ne geþrístige, for módes mínes nýtenysse.

M. Welchen beruf verstehst du?
P. Ich bin ein fischer.
M. Was erhältst du durch deinen beruf?
P. Nahrung, kleidung und geld.
M. Wie fängst du fische?
P. Ich besteige mein schiff und werfe meine netze ins wasser und werfe die angel und körbe und was sie fangen, nehme ich.
M. Wenn es aber unreine fische sind?
P. Ich werfe die unreinen weg und nehme reine zur speise.
M. Wo verkaufst du deine fische?
P. In der stadt.
M. Wer kauft sie?
P. Die städter. Ich kann nicht so viele fangen, als ich verkaufen könnte.
M. Welche fische fängst du?
P. Aale und hechte, elritzen und trüschen, forellen und lampreten, und alle fische (sprotten), die im flusse schwimmen.
M. Warum fischest du nicht im Meere?
P. Bisweilen tue ich es, aber selten, denn auf dem meere habe ich schwere ruderarbeit.
M. Was fängst du im meere?
P. Heringe und lachse, delphine und störe, austern und

krebse, miesmuscheln, strandmondschnecken, herzmuscheln, schollen und flachfische und hummer und viel derartiges.

M. Pflegst du walfische zu fangen?

P. Nein.

M. Weshalb?

P. Weil es gefährlich ist walfische zu fangen. Es ist sicherer für mich auf dem flusse zu fischen mit meinem eigenen schiff, als mit vielen schiffen auf die walfischjagd zu fahren.

M. Warum denn?

P. Weil es mir lieber ist einen fisch zu fangen, den ich töten kann, als einen, der nicht nur mich, sondern auch meine genossen mit einem einzigen schlage versenken oder töten kann.

M. Und doch fangen viele walfische und entgehen den gefahren und erwerben dadurch grofsen lohn.

P. Du sprichst wahr; doch wage ich es nicht, wegen der zaghaftigkeit meines sinnes.

Die schon mehrmals erwähnten kalenderregeln kennen auch für den fischfang ganz besonders günstige termine.

¹) Se VII. nihta móna is gód on tó fixiane.

Bei sieben nächte altem monde ist es gut zu fischen.

²) On XI. nihta eald móna faer on swá hwelce healfe middangeardes swá þú wylle, ne sceð þé naenig wiht né man né diór and hé býð gód an tó cwellanne micle fixas on sae.

Bei elf nächte altem monde geh in welche gegend der erde du willst, weder mann noch tier wird dir schaden und der mond ist günstig, wenn man grofse fische töten will auf dem meere.

³) On XV. nihte mónan hys gód tó fixianne and huntum heortas tó sécanne and wilde swín.

Bei fünfzehn nächte altem monde ist es gut fischen und [der zeitpunkt ist günstig] für jager, hirsche und wildschweine zu verfolgen.

---

¹) Saxon Leechdoms, bd. III, p. 178.
²) ib. p. 178.
³) ib. p. 180.

Fische waren besonders für klöster eine wichtige nahrungsquelle und der fischreichtum eines landstrichs wird in den vergabungsurkunden an die klöster jeweilen besonders erwähnt. So lautet die schenkung von Hannigge durch könig Edwy folgendermafsen.

[1]) Qua de re ob amorem verae sapientiae, meo adoptivo parenti vocabulo Aelrico XX mansas libenti animo concedo, ...., hoc praefatum rus signaculo crucis Christi corroboro, quatenus cuicumque heredi, se vivendo, tribuat, vitaeque post suae discessionem ab huius caducitate mundi donum ipsius firmiter in aeternum permaneat, cum omnibus rebus pertinentibus, idest, campis, pratis, pascuis, piscationibus.

Im jahre 968 verschenkt könig Edgar das gebiet von Bedwinde an das kloster Abingdon:

[2]) cum omnibus utilitatibus ad eam rite pertinentibus, campis, silvis, pratis, piscuariis etc.

Eine sehr bedeutende schenkung dieser art wurde im X. jahrh. durch könig Ethelwin an das kloster Ramsey gemacht.

[3]) Medietatem quoque piscariae ejusdem loci dedit ecclesiae, alteram vero partem filiis suis. Dedit etiam quinque hidas apud Walsokne, et dimidium piscariae suae quae eum in Wella contingebat; postea vero, terminum vitae positurus, alteram medietatem reliquae adjiciens portioni, totam simul piscariam Ramesensi ecclesiae contulit cum mansis et toftis piscatorum.

In den naturalabgaben sind nicht selten auch abgaben an fischen eingeschlossen. Das pachtgesetz Ines bestimmt, dafs der beliehene dem grundherrn für zehn hiden land unter anderm auch fünf lachse und hundert aale entrichte.

[4]) At týn hídum tó fóstre týn fata hunies, ðreó hund hláfa, twelf ámbra Wylisces ealoð, ðrittig hlutres, twá ealda ryðeru oððe týn weðeras [7 týn gees 7 twénti henna 7 týn cýsas], ámber fulne buteran, fíf leaxas, twéntig pundwaega fódres 7 hund teóntig aela.

---

[1]) Chronicon Monasterii de Abingdon, bd. I, p. 240.   [2]) ib. p. 314.
[3]) Chronicon Abbatiae Rameseiensis, p. 53.
[4]) Liebermann, Gesetze, p. 119 ff.

Von 10 hiden [zahle der beliehene dem grundherrn] zum unterhalt [als jahreszins], 10 fässer honig, 300 brote, 12 eimer wälschen biers, 30 hellen [bieres], 2 ausgewachsene rinder oder 10 widder, 10 gänse, 20 hennen, 10 käse, einen eimer voll butter, 5 lachse, 20 wispel futter und 100 aale.

### 3. Gleiten und schlittschuhlaufen.

Bevor wir uns von den flüssen, sümpfen und seen wieder dem festen lande zuwenden, möchte ich noch kurz eines sportes gedenken, für den es uns allerdings an zeitgenössischen zeugnissen fehlt. Erst Fitzstephen, ein mönch von Canterbury, aus der zweiten hälfte des XII. jahrh. verweilt mit wohltuender breite bei diesem wintervergnügen seiner Londoner bevölkerung. Wir haben indes allen grund anzunehmen, daſs der eissport in England autochthon war, oder dann schon in früher zeit bei den häufigen wechselbeziehungen mit Island und Skandinavien eingang fand. Interessant ist, was unser gewährsmann von den schlittschuhen zu berichten weifs. Die gewandteren leute bedienten sich tierischer knochen, die sie den füſsen anpaſsten. In der hand hielten sie einen stab mit eiserner spitze, mit welchem sie die gangart beschleunigen oder verlangsamen konnten. So ausgerüstet sausten sie mit der schnelligkeit eines vogels über die fläche dahin.

[1]) De ludentibus super glaciem.
Cum est congelata palus illa magna quae moenia urbis Aquilonalia alluit, exeunt lusum super glaciem densae juvenum turmae. Ilii, ex cursu motu captato citatiore, distentia pedum posita, magnum spatium, latere altero praetenso, perlabuntur. Alii quasi magnos lapides molares de glacie sedes sibi faciunt; sessorem unum trahunt plurimi praecurrentes, manibus se tenentes. In tanta citatione motus aliquando pedibus lapsi cadunt omnes proni. Sunt alii super glaciem ludere doctiores, singuli pedibus suis aptantes, et subtalaribus suis alligantes, ossa, tibias scilicet animalium; et palos, ferro acuto supposito, tenentes in manibus, quos aliquando glaciei illidunt, tanta rapacitate feruntur quanta avis volans, vel pilum balistae.

---

[1]) Liber Custumarum, p. 13.

## 4. Der reitsport.

Der angelsächsische edelmann war ein gewandter reiter. Beständig den einfällen räuberischer nachbarn im eigenen lande und vom festlande her ausgesetzt, mufste er notwendiger weise fest im sattel sitzen und sein tier tummeln können. Überdies erfahren wir aus den chroniken und miniaturen, dafs hirsche und rehe, oft auch die vögel zu pferde gejagt wurden und schliefslich war eine gröfsere reise zu lande kaum denkbar, es sei denn zu pferde. Der zucht guter reittiere mufste schon in früher zeit grofse aufmerksamkeit gewidmet worden sein, obschon ich keine speziellen angaben über deren eigenschaften finden konnte; ausnahmsweise wird ihre farbe und schnelligkeit hervorgehoben.

Beowulf erhielt von Hroðgar unter anderen geschenken auch acht pferde mit vergoldetem geschirr und dem königlichen sattel. Jedenfalls entsprach dem äufsern schmuck auch die qualität der tiere.

[1]) Heht þá eorla hleó eahta meáras
faeted-hleóre on flet teón,
in under eoderas.

    Darauf hiefs der könig
der rosse acht mit goldbelegten zäumen
hin in das innere der halle führen.

Von überall her kommen die vasallen Hroþgars auf ihren apfelschimmeln, die heldenarbeit Beowulf's zu schauen.

[2]) Þanon eft gewiton eald-gesiðas
swylce geong manig of gomen-wáþe
fram mere módge meárum rídan
beornas on blancum.

    Von da begaben sich die helden, alte
und junge viele, von der frohen reise,
die mutigen, vom meer zurück zu rosse,
die krieger auf den falben.

Wenn der boden für den wettlauf günstig ist, lassen sie die zügel schiefsen und erproben die schnelligkeit ihrer pferde.

[3]) Hwílum heaðo-rófe hleápan léton,
on geflit faran fealwe meáras,

---

[1]) Beowulf, v. 1036 ff.     [2]) ib. v. 854 ff.     [3]) ib. v. 865 ff.

> þaer him fold-wegas fægere þúhton,
> cystum cúðe;
>> Zuweilen spornten auch die kampfberühmten
>> zum wettlauf falbe rosse, wo die strafsen,
>> die weit als gut bekannten, passend schienen.

Es ist unverkennbar, dafs in solchem wetteifer die anfänge der später so beliebten pferderennen gesucht werden müssen. Ein jeder sucht seine eigene geschicklichkeit und die tüchtigkeit seines tieres im wettbewerb mit anderen zu messen. Insofern sind auch die pferderennen, wenn sie auch vielleicht in ags. zeit nicht eigentlich organisierte anlässe, sondern etwas rein zufälliges waren, in England autochthon. Überall, wo reitpferde gehalten werden, ruft der höhere oder geringere grad der geschicklichkeit und kenntnisse eine gewisse rivalität unter den jüngern der kunst hervor. Einen interessanten beleg für ein pferderennen im kleinen gibt uns Beda: Bischof Wilfrith ist mit Herebald und noch andern jungen leuten auf der reise. Da der boden flach ist und den pferden behagt, bitten die jünglinge den bischof um erlaubnis, ein kleines wettrennen veranstalten zu dürfen. Nur zögernd gibt Wilfrith seine zustimmung und schliefst Herebald zum voneherein von der beteiligung aus; doch dieser ist bald seiner selbst nicht mehr mächtig, eilt den gefährten nach und stürzt.

[1]) Nam cum primaevo adolescentiae tempore in clero illius degerem, legendi quidem canendique studiis traditus (sed non adhuc animum perfecte a juvenilibus cohibens inlecebris) contigit die quadam nos iter agentes cum illo devenisse in viam planam et amplam aptamque cursui equorum; coeperuntque juvenes qui cum ipso erant, maximi laici, postulare episcopum, ut cursu majore equos suos invicem probare licet. At ille primo negavit, otiosum dicens esse quod desiderabant; sed ad ultimum multorum unanima intentione devictus: Facite, inquit, si vultis, ita tamen ut Herebald ab illo se certamine funditus abstineat etc.

Auch in 'Be monna cräftum' wird des geschickten reiters speziell gedacht:

---
[1]) Beda, Hist. Eccles., Lib. V, cap. 6.

¹) Sum bið tó horse hwät
   Mancher ist tüchtig zu pferde

und an anderer stelle:

²) Sum bið meáres gleáw,
   wic-cräfta wís.
   Mancher ist zu pferde gewandt
   in pferdekünsten erfahren.

(Ich übersetze diese stelle mit Thorpe durch: wise in equestrian arts und sehe darin nicht zauberkünste zum heilen der pferde, wie Grein vermutet.)

Wenn ich einerseits annehme, dafs der rennsport in England heimisch gewesen sei, so schliefst das nicht aus, dafs er gleichzeitig anderswo, z. b. in Frankreich, in höherer blüte stand. So vernehmen wir, dafs Hugo Capet die schwester Ethelstan's, Ethelswitha zur frau begehrte und seinem gesandten Adulphus unter andern königlichen geschenken an Ethelstan auch rennpferde mitgab.

³) Princeps huiusce legationis fuit Adulfus, filius Baldewini comitis Flandriae, ex filia regis Edwardi Ethelswitha. Is, cum in conventu procerum apud Abbandunam proci postulata exposuisset, protulit munera sane amplissima, et quae cujuslibet avarissimi cupiditatem incunctanter explerent: .... equos cursores plurimos, cum phaleris, fulvum, ut Maro ait, mandentes sub dentibus aurum etc.

## 5. Das schwimmen.

Die küstenbewohner und seefahrer waren aller orts und zu allen zeiten mit dem elemente, das ihre nährmutter und zum grofsen teil auch ihr aufenthaltsort war, mehr oder weniger vertraut. Daher ist es wohl zu erklären, dafs z. b. in 'Be monna cräftum' der fertigkeit des schwimmens nicht gedacht ist; sie wurde offenbar für etwas ganz selbstverständliches gehalten. Nur dann, wenn eine heldenhafte, übermenschliche anstrengung mit dem schwimmen verbunden ist, nimmt der dichter anlafs, dabei zu verweilen. Wir erfahren aus rede

---

¹) Grein, Poesie, bd. I, p. 206, v. 81.
²) Grein, Poesie, bd. I, p. 206, v. 69 ff.
³) William of Malmesbury: Gesta Regum, bd. I, p. 150.

und gegenrede Unferð's und Beowulf's, daſs letzterer sieben
nächte im sunde mit den wellen kämpfte und mit seinem
freunde Breca um die wette schwamm. Es liegt mir fern,
die aussage Beowulf's wörtlich zu nehmen, doch dürfen wir
vielleicht so weit gehen, zu behaupten, daſs die Angelsachsen
das schwimmen fleiſsig pflegten und mitunter ungewöhnliche
proben von wagemut und stärke ablegten.

Hören wir, was Beowulf auf die anschuldigung Unferð's,
er habe seinen freund Breca getötet, antwortet:

[1]Hwät! þú worn fela, wine mín Unferð,
beóre druncen ymb Brecan spraece,
sägdest from his síðe! Sóð ic talige,
þät ic mere-strengo máran áhte,
earfeðo on ýðum, þonne aenig óðer man.
Wit þät gecwaedon cniht-wesende
ond gebeótedon (waeron bégen þá git
on geogoð-feóre) þät wit on gár-secg út
aldrum néðdon; ond þät geäfndon swá.
Häfdon swurd nacod, þá wit on sund reón,
heard on handa, wit unc wið hron-fixas
werian þóhton. Nó hé wiht fram mé
flód-ýðum feor fleótan mealite,
hraðor on holme, nó ic fram him wolde.
þá wit ätsomne on sae waeron
fíf nihta fyrst, oð þät unc flód tódráf,
wado weallende, wedera cealdost,
nipende niht ond norðan wind
heaðo-grim andhwearf; hreó waeron ýða.
Wieviel, freund Unferd, bierestrunken sprachst du
um Breca doch, wieviel von seiner fahrt!
In wahrheit mehr ausdauer zeigte ich,
mehr kraft im meer, als je ein andrer mann.
Wir sagten, als wir jünglinge noch waren,
gelobten das in jugendlichem alter,
daſs wir das leben wagten auf der see,
und taten so. Ins meer hinaus wir schwammen,
das bloſse schwert, das harte, an der hand,
zum schutze gegen wale. Nicht vermocht' er

---

[1] Beowulf, v. 530 ff.

die wogen schneller zu durchschwimmen, rascher
als ich die see; ich wollt ihn nicht verlassen.
So waren wir zusammen auf dem wasser
fünf tage lang, da trennte uns die flut,
die hohen wellen und das kalte wetter;
die nacht war finster und von norden blies mir
kampfgrimm der wind entgegen in den aufruhr
der wogen.

Getrennt von Breca kämpft Beowulf tapfer gegen den sturm. Sein scharfes schwert befreit ihn von den ungetümen des meeres. Endlich spülen ihn am siebenten tage die fluten an die finnische küste.

### 6. Waffen- und turnspiele.

Obgleich wir allen grund haben anzunehmen, dafs der gebrauch der waffen in friedenszeiten eine hauptbeschäftigung der jungen männer war, sind wir auch in diesem kapitel gröfsten teils auf hypothesen angewiesen. Wir nehmen stillschweigend an, dafs die verschiedenen kampfgeräte wie wurfspiefs, speer, bogen, schwert und dolch, vielleicht sogar auch die schleuder, die alle im kriege und auf der jagd gebraucht wurden, in friedlichen zeiten, in fröhlichem wetteifer geübt und gepflegt wurden. Die belege dafür sind aber äufserst spärlich und unzuverlässig. Von der mitte des 13. jahrh. an fehlt es nicht an zeugnissen aller art in wort und bild. Da erfreut sich besonders das quintain grofser beliebtheit. Der eine schlägt mit seinem schwert gegen einen baumstrunk, dem man die ähnlichkeit eines kopfes gegeben hat, ein anderer stürmt zu pferd mit der lanze gegen eine drehbare scheibe und sucht sie in der mitte zu treffen, ein dritter macht den gleichen versuch in einem ruderboote, wieder andere suchen auf der rennbahn mit der turnierlanze einen aufgehängten ring zu spiefsen.[1)]

Ein ganz frühes zeugnis für das scheibenschiefsen mit dem bogen hätten wir in Beowulf, liefse nicht die betreffende stelle mehr als eine deutung zu.

---

[1)] Strutt, Sports and Pastimes, p. 111 ff.

>¹) Wäs þám yldestan ungedéfelice
> maeges daedum morðor-bed stréd
> syððan hyne Häðcyn of horn-bogan,
> his freá-wine' fláne geswencte,
> miste mercelses ond his maeg ofscét,
> bróðor óðerne, blódigan gáre:
>> Es ward dem ältesten
>> durch seines bruders taten unverdient
>> der tot bereitet, als ihn Häðcyn mit
>> dem pfeile traf, den königlichen herrn,
>> indem sein ziel er fehlte; so erschofs
>> mit blut'gem schaft der bruder seinen bruder.

Earle übersetzt die fragliche stelle mit: he missed his target; Grein und Heine geben mercels mit 'ziel' wieder, was eben viel allgemeiner ist und auch die jagd nicht ausschliefst; Simrock übersetzt es mit merkziel, was schon eher auf eine blofse übung hindeuten würde.

Die schleuder erfreute sich wohl allgemeiner beliebtheit. Während die jagd zu pferde und mit der meute ein privilegium der reichen war, war die schleuder jedem, auch dem ärmsten, zugänglich. Einen beweis, wie verbreitet diese waffe gewesen sein mufs, sehe ich in einer stelle von Beda's Historia Ecclesiastica, wo Beda den wurf mit der schleuder geradezu zu einer längeneinheit macht.

> ²) Est enim locus ille undique mare circumdatus, praeter ab Occidente, unde habet ingressum amplitudinis quasi jactus fundae.

In einem manuskript des VIII. jahrh. sehen wir ferner einen mann, der einen stein nach einem vogel wirft, er hat das eine ende der schleuder freigelassen; in andern fällen erklärt der zeichner, hat der werfende beide enden in der hand.)

Eigentliche tourniere waren aller wahrscheinlichkeit nach nicht vor der eroberung in England bekannt. Alle zeugnisse, die wir in den chroniken finden, sind spätern datums und beruhen auf ausschmückungen der chronisten. So läfst z. b. ein

---

¹) Beowulf, v. 2436 ff.
²) Historia ecclesiastica, Lib. IV, Cap. 13.
³) Strutt, Sports etc., p. 72 [MS. Claudius B IV].

normännischer chronist die hochzeitsfestlichkeiten von könig Edward mit Edith, der tochter Godwin's mit einem tournier beginnen.

> [1]) Si est au roi espusée,
> E reine curunée;
> Faites sunt noces richement,
> Cum a roi e reine apent,
> Asez i out chévalerie,
> Asez bachelerie,
> Valetz de force e juvente
> De juer ki mettent entente
> Li uns de briser ses lances
> Li autres de mener ces dances etc.

Gottfried von Monmouth läfst bei anlafs von Artur's krönung die ritter einen scheinkampf aufführen. Wenn wir jedoch mit R. Wülker[2]) annehmen, dafs die Artursage blofse erfindung sei, so ist dem folgenden zitat schon aus diesem grunde keine bedeutung beizumessen.

> [3]) Mox milites simulacrum praelii ciendo, equestrem ludum componunt.

Während ich sonst Gottfried's von Monmouth sagenhafte züge mit der nötigen reserve anführen mufste, glaube ich in seiner beschreibung eines ringkampfes einen echt germanischen zug sehen zu dürfen. Die breite und ausführlichkeit, mit welcher er den ganzen vorgang schildert, läfst uns schliefsen, dafs Gottfried wohl früher oft zeuge solcher zweikämpfe gewesen war. Der kampf, den er im 16. kapitel des ersten buches schildert, ist reine erfindung, niemand wird das gegenteil behaupten wollen; doch ist dieses sich messen der brutalen kraft im ringen und schwingen etwas uraltes und spezifisch germanisches.

Nachdem die eindringenden Römer die eingebornen riesen Britanniens unter grofsen verlusten bis auf einen einzigen aufgerieben haben, soll der kampf zwischen dem Römer Corineus und dem zwölf ellen langen Goëmagot den streit zum austrag bringen:

---

[1]) Lives of S. Edward the Confessor, p. 59, v. 1207 ff.
[2]) cf. R. Wülker: Die Artussage in der engl. Literaturgeschichte.
[3]) Gottfr. v. Monmouth: Hist Regum Brit., Lib. IX, § XIV.

¹) At Britones tandem undique confluentes in eos praevaluerunt: omnesque praeter Goëmagot interfecerunt. Hunc Brutus vivum reservari praeceperat, volens videre luctationem ipsius et Corinei, qui ultra modum cum talibus aestuabat congredi. Itaque Corineus maximo fluctuans gaudio, succinxit se, et abjectis armis ipsum ad luctandum provocat. Inito deinde certamine hinc stat Corineus, hinc gigas et alter alterum vinculis brachiorum annectens, crebris afflatibus aëra vexant. Nec mora, Goëmagot Corineum maximis viribus astringens, fregit ei tres costas: duas in latere dextro et unam in sinistro. Unde Corineus in iram compulsus, suas revocavit vires, et imposuit illum humeris suis, et imposito, quantum velocitas pro pondere sinebat, ad proxima littora cucurrit.

Einen weiteren durchaus germanischen zug sehe ich in dem steinstofsen bei anlafs der schon genannten krönungsfestlichkeiten könig Arturs:

²) alii ponderosorum lapidum jactu, alii cum saxis .... contendentes.

Auch das klettern fand seine liebhaber und mochte wohl unter erwachsenen noch geübt werden, denn der dichter spricht davon im gleichen tone, wie von der geschicklichkeit der krieger und seefahrer.

³) Sum mäg heánne beám
staelgne gestigan.
Mancher kann den hohen baum
den steilen erklettern.

## C. Jugendspiele.

Leider geben uns auch hier die chroniken nur spärliche auskunft. Was wir von ihnen erfahren, läfst uns vermuten, dafs die spiele der jugend so ziemlich die gleichen waren, wie heut zu tage. Auch hier tritt die körperliche betätigung

---

¹) Galfr. Monum. Hist. Brit., Lib. I, § 16, p. 20.
²) ib. Lib. IX, § 14, p. 173.
³) Hymn of Praise and Thanksgiving, Codex Exon., f. 19, v. 1 ff.

in den vordergrund, das sich balgen, ringen, springen und laufen. Daneben übt sich die jugend im gebrauch der waffen, um im reiferen alter zur jagd und zum kriegshandwerk tüchtig zu sein.

Nur beiläufig bemerkt Capgrave, der autor der Vita et Miracula St¹ Dunstani, dafs der heilige Dunstan sich von den jugendlichen vergnügungen zurückgezogen habe, um den gesprächen der ältern zu lauschen:

> ¹) majorum natu colloquiis adesse, juvenum ludicra declinare: ...

Anders der heilige Cuthbert, dessen biograph erzählt, er habe in seiner jugend mit grofser ausdauer die spiele seiner altersgenossen geübt, sich mit ihnen im ringen, springen und schnellauf gemessen und sich überall vor seinen altersgenossen ausgezeichnet.

> ²) Oblectabatur ergo, ut diximus, jocis et vagitibus, juxta quod aetatis ordo poscebat. Parvulorum conventiculis interesse cupiebat, ludentibus colludere desiderabat, et quia agilis natura et acutus erat ingenio, contendentibus ludo saepius praevalere consueverat, adeo ut, fessis nonumquam ceteris, ille indefessus adhuc, si qui ultra secum vellent certare, quasi victor laetabundus inquireret. Sive saltu, sive cursu, sive luctatu, seu quolibet alio membrorum sinuanime, se exercerent, ille omnes aequaevos et nonnullos etiam majores, a se gloriabatur esse superatos.

Von demselben Cuthbert erzählt unser gewährsmann, dafs er eines tages mit einer grofsen schar von knaben auf dem felde gespielt und seinem körper allerlei unnatürliche verdrehungen gegeben habe. Wie wir wissen, waren jongleure und seiltänzer den Angelsachsen bereits bekannt, ihnen wollte der knabe es offenbar gleich tun.

> ³) Nam sicut beatae memoriae Trumwine episcopus ab ipso Cuthberto sibi dictum perhibebat, dum quadam die solito luctamini in campo quodam non modica puerorum turba insisteret, interesset et ipse, et sicut ludentium levitas solet

---

¹) Memorials of St. Dunstan, p. 327.
²) Vita St. Cuthberti, in Patres Ecclesiae Angl., p. 208.
³) Patres Eccles. Angl., p. 210.

contra congruum naturae statum, variis flexibus membra plerique sinuarent, repente unus de parvulis, triennis ferme, ut videbatur, accurrit ad eum et quasi senili constantia coepit hortari ne jocis et otio indulgeret, sed stabilitati potius mentem simul et membra subjugaret.

Ich erinnere hier abermals an eine stelle aus dem Chartulary of Barnwell Abbey, wonach knaben und jünglinge am tage vor Johannes dem täufer auf einer wiese bei Barnwell zusammenkamen, um dort zu ringen und andere jugendspiele zu pflegen:

[1]) illic convenientes, more Anglorum luctamina et alia ludicra exercebant.

Als seitenstück hierzu führe ich ein zitat an, das erst aus der zweiten hälfte des XII. jahrh. stammt und der beschreibung Londons durch Fitzstephen entnommen ist. Was jedoch hier von den spielen der Londoner jugend erzählt wird, durfte schon 100 und mehr jahre früher seine volle geltung haben.

[2]) XXI De ludis aestivalibus, ut lucta et hujusmodi. In festis tota aestate juvenes ludentes exercentur in saliendo, in arcu, lucta, jactu lapidum, amentatis missilibus ultra metam expediendis, parmis duelliorum.

Während die knaben ihren körper stählten, führten die mädchen den fröhlichen reigen bis zum anbruch der nacht:

[3]) Puellarum Cytherea duxit choros, et 'pede libero pulsatur tellus', usque imminente luna.

Ich glaube mit einiger wahrscheinlichkeit annehmen zu dürfen, dafs der hahnenkampf, von dem Fitzstephen in den 'Capitula de Situ Nobilissimae Civitatis Londoniae' berichtet, noch in angelsächsische zeit fällt. Fitzstephen erzählt dort, es sei in seiner knabenzeit allgemein sitte gewesen, am karnevalstage dem lehrer, der dann offenbar leiter dieses vergnügens war, kampfhähne zu bringen.

[4]) Praeterea, quotannis, die quae dicitur 'Carnilevaria', ut a puerorum ludis incipiamus, omnes enim pueri singuli — scholarum singuli pueri suos apportant magistro suo gallos

---

[1]) cf. Thos. Wright, Homes u. o. d., p. 67
[2]) Liber Custumarum, p. 12.   [3]) ib p 12    [4]) ib p 11

gallinaceos pugnatores; et totum illud antemeridianum datur ludo puerorum, vacantium spectare in scholis suorum pugnas gallorum.

Am nachmittag kamen schüler und angestellte auf freien plätzen zum ballspiel zusammen. Wer irgendwie ein interesse an dem jugendlichen treiben hatte, gesellte sich zu dem jungen volke und erfreute sich mit ihm.

[1]) Post prandium, exit in campos omnis juventus urbis ad lusum pilae celebrem. Singulorum studiorum scholares suam habent pilam; singulorum officiorum urbis exercitatores suam singuli pilam in manibus. Majores natu, patres et divites urbis, in equis, spectatum veniunt certamina juniorum, et modo suo juvenantur cum juvenibus; et excitari videtur in eis motus caloris naturalis, contemplatione tanti motus et participatione gaudiorum adolescentiae liberioris.

Schliefslich findet sich bei William of Malmesbury noch eine erwähnung des bogenschiefsens bei knaben. Er erzählt, dafs könig Edgar beim pfeilschiefsen in der ferne eine klosterruine erblickt habe, und ein gelübde getan habe, sie später als könig wieder zu erstellen.

[2]) Denique, ut in cujusdam prologo legi, qui regulam Benedicti Anglico enuclebat fuso, dum quadam die ludibundus (i. e. Edgar) sagittis exerceret animum, animadvertit procul aedificia magna, sed situ et ruinis deformia.

## Literatur.

Alfred the Great, The whole works of ... 2 Bd. ed. by J. A. Giles, London 1858.

Aelfric, Homilies, ed. by B. Thorpe for the Aelfric Soc. London 1844—46.

Bartsch, K., Die Formen des geselligen Lebens im Mittelalter, Freiburg 1883.

Bedae Venerabilis Opera etc. 8 Bd. Köln 1562.

---

[1]) Liber Custumarum, p. 11.
[2]) Memorials of St. Dunstan, p. 291.

Bede Complete works of ... Ed. by J. A. Giles, London 1843—44.

Bibliotheca Rerum Germanicarum:
Bd. III. Phil. Jaffé, Monumenta Moguntina. Berlin 1866.
Bd. VI. Phil. Jaffé, Monumenta Alcuiniana. Berlin 1873.

Bond, F. A. and Thompson, E. M., The palaeographical Society. Facsimilies and Inscriptions. 5 Vols. London 1894.

Bosworth and Toller, An Anglo-Saxon Dictionary. Oxford 1882 sqq.

Botkine, L., La chanson des runes. Havre 1879.

Buhle, Edw., Die musikalischen Instrumente in den Miniaturen des frühen Mittelalters. Leipzig 1903.

Chronicon Abbatiae Rameseiensis, ed. W. Dunn Macray, Public Record Series. London 1886.

Chronicon Monasterii de Abingdon, 2 Vols., ed. J. Stevenson, Public Record Series. London 1858.

Cockayne, T. O., Anglo-Saxon Leechdoms, Wortcunnings, Starcraft etc. 3 Vols. Public Rec. Series. London 1864—66.

Dickenmann, J., Das Nahrungswesen in England vom XII. bis XV. Jahrh. Dissertation. Zürich 1904.

Dietrich, Die Rätsel des Exeterbuches in: Haupt's Zeitschrift, Bd. XI u. XII, Berlin 1864 u. 65.

Domesdaybook, Vol. I. Londonini 1783.

St. Dunstan, Memorials of ...., ed. W. Stubbs, Public Record Series. London 1874.

Edward the Confessor, Lifes of ...., ed. H. R. Luard, Public Record Series. London 1858.

Ettmüller, Ludw., Scôpes vîdidh. Zürich 1839.

Fowke, F. R., The Bayeux Tapestry. London 1898.

Freemann, E. A., The Norman Conquest, 6 vols. Oxford 1879.

Gaimar, Maistre Geffrei ... L'estoire de Eu les ed. Sir Thom. Duffus Hardy and Ch. Tr. Martini, 2 vol., Publ. Rec. Serie. London 1888 u. 1889.

Geoffrey of Monmouth, British History, revised by J. A. Gile, London 1848.

Giles, J. A., Magna Bibliotheca Patrum. 16 vol. Oxford 1811

Green, J. R., Conquest of England London 1883

Grein, C. W., Bibliothek der ags. Poesie. 4 Bd. Gottingen 1857

Grein, C. W., Dichtungen der Angelsachsen, 2 Bde. Göttingen 1859.
Grein, C. W., Zu den Rätseln des Exeterbuches; Germania X. Wien 1865.
Haack, O., Zeugnisse zur altengl. Heldensage. Dissertation. Kiel 1892.
Hampe, Th., Fahrende Leute in der deutschen Vergangenheit, in: Monographien zur deutsch. Kulturgeschichte, 1902.
Heyne, M., Beowulf, 6. Aufl. besorgt v. Adolf Socin. Paderborn 1898.
Heyne, M., Beowulf. Übersetzung, 2. Aufl. Paderborn 1898.
Heyne, M., Fünf Bücher deutscher Hausaltertümer. Leipzig 1899 sqq.
Henrici Huntendonensis Historia Anglorum, ed. Thom. Arnold, Public Record Series. London 1879.
Hertz, W., Spielmannsbuch. 2. Aufl. Stuttgart 1900.
Jonsson, F., Aldnorske Litteraturs Historie. Kobenhavn 1894.
Jonsson, F., Egils Saga Skallagrimssonar. Kobenhavn 1886—88.
Jusserand, J. J., Les Sports et les jeux d'exercice dans l'ancienne France. Paris 1901.
Kemble, J. M., The Saxons in England, 2 Vols. London 1853.
Kemble, J. M., Salomon and Saturn. London 1848. (Aelfric Society, Vol. III.)
Kenyon, F. C., Facsimilies of the Biblical MSS. in the British Museum. London 1900.
Khull, F., Die Geschichte des Skalden Egil Skallagrimsson. Ein germ. Dichterleben aus dem 10. Jahrh. Wien 1888.
Kluge, F., Angelsächsisches Lesebuch, 3. Aufl. Halle 1802.
Langlois, Ch. V., Les anglais au moyen-âge d'après les sources françaises, dans la Revue historique. Paris 1893.
Langlois, Ch. V., La société française au XIII. siècle, 2$^{de}$ éd. Paris 1904.
Leo, H., Altsächsische u. angelsächsische Sprachproben. Halle 1838.
Liber Custumarum ed. H. Th. Riley, Public Rec. Series. London 1860.
Liebermann, F., Die Gesetze der Angelsachsen. Halle 1898 sqq.
van der Linde, Ant., Geschichte und Litteratur des Schachspiels, 2 Bde. Berlin 1874.
Lindgard, J., Les antiquités de l'église anglo-saxonne, trad. par A. Cumberworth. Paris 1828.
Mabillon, Acta Sanctorum Ord. S. B. Paris 1668—1701.
Marignan, H., La Tapisserie de Bayeux. Paris 1902.

Matthaei Parisiensis Chronica majora, ed. by H. R. Luard. 1. Bd. Public Record Series. London 1872.
Müller, Nath., Die Mythen im Beowulf, Dissert. Heidelberg 1878.
Murray and Bradley, New Engl. Dictionary on Historical Principles. Oxford 1884 sqq.
Niedner, F., Das deutsche Turnier im XII. und XIII. Jahrhundert. Berlin 1881.
Padelford, F. M., Old English Musical Terms, in: Bonner Beiträge zur Anglistik. Heft IV. 1899.
Percy, Th., Reliques of ancient English Poetry. 3 Vols. London 1839.
Petrie, H. u. Sir Thom. Duffus Hardy, Monumenta Historica Britannica, from the Earliest Period to the end of the Reign of King Henry VII. Vol. I. 1848.
Richter, W., Die Spiele der Griechen und Römer. Leipzig 1887.
Ritson, J., Ancient English Romances. London 1802.
Sarrazin, G., Die Hirschhalle, in Anglia XIX.
Schär, Alfr., Die altdeutschen Fechter und Spielleute, Dissert. Strafsburg 1901.
Schulz, H., Das höfische Leben der Minnesänger. 2 Bde. Leipzig 1889.
Simeon of Durham, Opera omnia, ed. Thom. Arnold, 2 Vols. Public Record Series. London 1882 sqq.
Simrock, K., Beowulf und das altdeutsche Epos, übersetzt und erläutert. Stuttgart 1859.
Specht, F. A., Gastmähler und Trinkgelage von den ältesten Zeiten bis ins 9. Jahrh. Stuttgart 1887.
Spelman, Sir Henry, Concilia, Decreta etc. London 1639 u. 1664.
Strutt, J., Dresses and Habits of the English people. London 1799.
Strutt, J., Manners and Customs of the People of England 3 Vols. London 1776.
Strutt, J., Sports and Pastimes of the People of England. London 1801.
Stubbs, W., Constitutional History, 3 Vols. London 1875.
Stubbs, W., Councils and Ecclesiastical Documents. London 1873.
Suchier, Über die Offa-Dryposage, s. Paul und Braune: Beiträge Bd. IX.
Tacitus, Germania, 6. Aufl. von Dr. Ed. Schwyzer. Halle 1902.
Tanner, A., Die Sage von Guy von Warwick, Diss. Bonn 1877.
Ten Brink, Litteraturgeschichte, 2. Aufl. Berlin 1899.

Thorpe, B., Codex Exoniensis. London 1842.
Thorpe, B., The Anglo-Saxon Chronicle, according to several authorities, 2 Vols. London 1861.
Thorpe, B., Ancient laws and institutes. London 1840.
Turner, Sh., History of the Anglo-Saxons, 3 Vols. 6th Ed. London 1836.
Twisden, Sir Roger, Historiae Anglicanae Script. Decem. London 1652.
Wackernagel, W. in Haupt's Zeitschrift, Bd. VI.
Warner, G. F., Illuminated MSS. in the British Museum, 4 series. London 1899 sqq.
Warton, Th., History of English Poetry, 3 Vols. London 1774 sqq.
Weinhold, K., Altnordisches Leben. Berlin 1856.
Weinhold, K., Die deutschen Frauen im Mittelalter. 2 Bde. 2. Aufl. Wien 1882.
Werner, K., Alcuin und sein Jahrhundert. Paderborn 1876.
Willelmi Malmesbiriensis Monachi: De Gestis Regum Anglorum Libri Quinque, ed. W. Stubbs, Publ. Record Series. London 1887.
Willelmi Malmesbiriensis Gesta Pontificum Anglorum, ed. N. E. S. A. Hamilton, Publ. Record Series. London 1870.
Winkelmann, Geschichte der Angelsachsen bis zum Tode König Alfreds. Berlin 1884.
Wright, Thom., The homes of other days. London 1871.
Wülker, R., Die Artussage in der engl. Litteratur. Programm. Leipzig 1895.
Wülker, R. P., Geschichte der angelsächsischen Litteratur. Leipzig 1885.
Wülker, R. P., Englische Litteraturgeschichte. Leipzig 1896.
Würdtwein, St. A., Epistolae Sti Bonifacii. Magontiaci 1789.